今天能賣
多少球？

從冰淇淋店輕鬆
超有趣的統計學！

統計学がわかる
[回帰分析・因子分析編]

U0073082

向後千春／冨永敦子

——著　趙鴻龍　譯

- 本書所示範之Excel操作，是以Mac版Excel 2016為準，不同版本的軟體介面略有出入，讀者操作時請留意。

前言

本書為《薯條每包有幾根？從漢堡店輕鬆學超有趣的統計學！》的續篇，這次的舞台將從漢堡店搬到冰淇淋店。在以漢堡店為例的前作中，我們曾介紹如何瞭解資料之間是否存在「顯著差異」的統計方法，而本書將向大家介紹資料之間究竟存在何種「關係」的統計方法。

面對艱澀難懂的統計學專業書籍，有些人總會不禁搖頭嘆息，而這本書就是為了讓這些人勇敢地跨出第一步所撰寫的入門書。如果手上握有資料，我們該如何對它進行分析，才能得出有意義的結論呢？本書的撰寫方式，就是以具體的故事來加以解說。書中針對Excel的計算過程有著詳細的描述，所以在實際計算的同時，應該也能加深理解。希望藉由這種方式，為讀者帶來助益。

本系列分別以「漢堡店」和「冰淇淋店」這兩大主題所組成，兩本書都是以網路上公開的自學教材為基礎。這套網路教材是向後千春在富山大學任職時，在研討會的學生幫助下才得以完成。其中要特別感謝松崎紀子小姐、伊豆原久美子小姐、石井成郎先生等人。另外，也要感謝為漢堡教材描繪插畫的KEN先生，以及為冰淇淋教材描繪插畫的藤森香織小姐。最後，我想對使用網路教材並給予反饋的各位讀者表達最誠摯的謝意。

2008年12月　向後千春　冨永敦子

今天能賣多少球？　Contents ·······

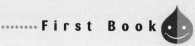

第**3**章 **那個相關係數有意義嗎？**─無相關檢定

第**4**章 **希望利用最高氣溫預測顧客人數**─迴歸線

第**5**章 **想瞭解最低氣溫和顧客人數的關係—·偏相關**

第 **1** 章

想瞭解最高氣溫
和顧客人數的關係

散佈圖與相關

本章學習的內容

- 散佈圖
- 正相關、負相關、無相關

大學生小愛是冰淇淋連鎖店「21世紀冰淇淋」的工讀生，其連鎖店分布廣泛，而她被分配到的是一家剛開幕不久的店。新手店長為了讓新開幕的冰淇淋店業績蒸蒸日上而拼勁十足，但眼下卻面臨著一些問題。

● 有多少客人上門光顧？

 小愛，打擾一下，妳會操作電腦嗎？

 簡單的操作還算可以。

 太好了！妳能過來幫我一點小忙嗎？

可以啊。

本店預計將在三天後開幕,可是我對到底會有多少客人上門一點頭緒也沒有。要是一下子湧進大量顧客,把整間店擠得水泄不通的話該怎麼辦?還有需要請幾位工讀生來幫忙?這些事都讓我焦慮到不行。

不知道有沒有可以得知大概會有多少客人來光顧的資料呢?

對,這正是我想說的。因為是連鎖店,所以我順利地拿到規模和我們差不多的店家資料,妳看一下。

表1-1-1　其他店家的顧客人數資料(8月1日〜14日)

日期	最高氣溫	顧客人數
1	29	312
2	30	348
3	29	284
4	3.2	369
5	33	420
6	32	536
7	34	652
8	27	275
9	28	294
10	32	368
11	34	451
12	32	405
13	30	458
14	28	422

妳能不能根據這些資料,幫我預測一下顧客人數?

嗯,我明白了。我在大學有學過統計,正好讓我牛刀小試一番。

謝謝妳,小愛。真是幫了大忙。

● 把資料輸入 Excel

Microsoft Excel是典型的電子試算表軟體，Windows和Macintosh兩大作業系統都能使用。本書並非要求讀者必須以使用Excel為前提，但如果想要有效率地學習統計學的話，Excel是非常方便的一項工具。

這裡會介紹Excel實際進行計算時的步驟。手上沒有Excel的人就將注意力放在計算過程上，參考計算出來的答案。此外，想要徹底瞭解Excel基本操作的人，請另外參考針對Excel初學者的書籍。

那麼，下面試著把店長準備好的顧客資料輸入Excel吧。

① 在第1行輸入標題「日期」、「最高氣溫」、「顧客人數」。

② 將標題文字顯示在儲存格的正中央，並在儲存格設定背景顏色。
這樣一來，標題和資料就能一眼區分開來，表格變得一目瞭然。
點擊【文字置中】按鈕，使文字顯示在正中央；點擊【填滿色彩】按鈕，使儲存格的背景換成別的顏色。

③ 輸入資料，數值資料以半形進行輸入。

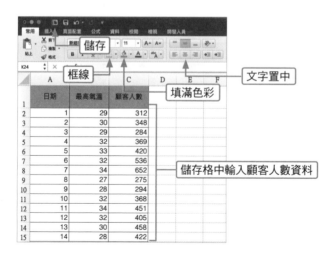

④ 描繪框線。點擊【框線】按鈕旁的▼，就會顯示框線的種類。從
　框線的種類中選擇【所有框線】，就能畫出格子狀的框線。

⑤ 輸入資料後，儲存檔案。

　　小愛在Excel輸入完資料後，也順手製作了日期和顧客人數的折線
圖。她將得到的結果向店長報告（接續下一節）。

1-2 製作散佈圖

● 雖說是粗略的圖表……

店長，我統計好了，請看這張圖表（圖1-2-1）。顧客人數大約200人到700人。

図1-2-1　其他店家的顧客人數變化

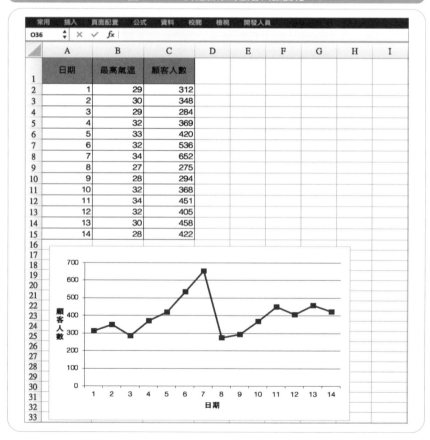

200人到700人！如此粗略的數字根本沒有意義吧。

就算您這麼說，我也沒辦法呀……。

顧客人數和當天的最高氣溫應該存在著某種關係吧？用膝蓋想也知道，天氣一熱就有很多人想吃冰淇淋吧？所以上面才附有最高氣溫的資料。

嗯，顧客人數和最高氣溫的關係嗎？想要觀察兩者之間的關係，使用折線圖是行不通的。我想想，使用什麼圖來表示比較恰當……？啊，難道是散佈圖？

● 利用 Excel 製作散佈圖

散佈圖是用來調查資料分布情況和資料之間關係的一種圖表。讓我們使用上一節製作的顧客人數資料，利用Excel製作散佈圖吧。

●── 首先從製作散佈圖開始

① 選取包含標題在內的「最高氣溫」和「顧客人數」資料。

② 在【插入】頁籤中點擊【散佈圖】→【散佈圖（僅有資料標記）】。

③ 製作散佈圖。

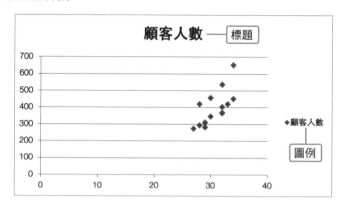

●── 指定標題和座標軸標題

　　讓我們仔細地觀察一下製作的散佈圖吧。這張散佈圖不但沒有橫軸和縱軸的標題，標題也只寫著「顧客人數」，讓人完全看不懂它想表達什麼。此外，如果只有一種資料，就不需要圖例。讓我們設定橫軸和縱軸的標題，以及大標題，並將圖例刪除吧。

① 依序點擊【新增圖表項目】頁籤的 [座標軸標題] → [主水平]。

② 圖表的橫軸是以「座標軸標題」來表示。點擊「座標軸標題」之後，就可以隨意修改文字了。這裡輸入「氣溫」。

③ 依序點擊【新增圖表項目】頁籤的 [座標軸標題] → [主垂直] → [文字方向垂直]。

④ 圖表的縱軸是以「座標軸標題」來表示。這裡輸入「顧客人數」。

⑤ 點擊選擇標題，再點擊一次之後，就可以隨意修改文字了。這裡輸入「其他店家的氣溫與顧客人數的關係」。

⑥ 點擊圖例。按下Delete鍵，以刪除圖例。

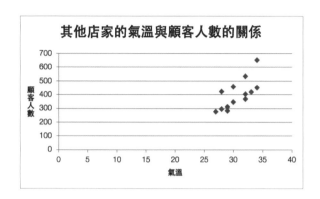

●── 指定軸的最小值、最大值及刻度間隔

散佈圖的點都集中在右邊，有點不容易觀察。此時可以改變橫軸和縱軸的最小值、最大值和刻度間隔，以方便我們觀察。

① 點擊【新增圖表項目】頁籤的 ［座標軸］ → ［其他座標軸選項]。

② 在最小值選擇指定為「25」，最大值指定為「35」。刻度間隔（單位）也指定為「5」。

③ 同樣地，縱軸也指定最大值為「700」，最小值為「200」，刻度間隔為「100」。如此一來散佈圖就完成了。

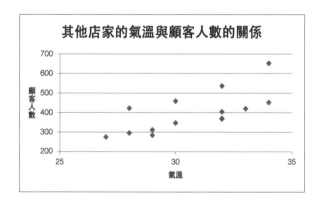

1-3 散佈圖的模式

● 從散佈圖觀察到的事實

店長,請您看看這張圖表(圖1-3-1),最高氣溫和顧客人數之間的確存在關係。最高氣溫愈高,顧客人數就愈多。

喔喔,原來如此。圖表確實呈現往右斜上分布,也就是說……。

是的,只要知道當天的最高氣溫是多少,就能預測出大約有多少客人上門。

太棒了!這正是我想知道的。

圖1-3-1 其他店家的氣溫與顧客人數的關係

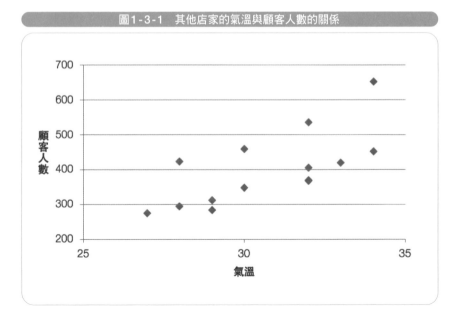

● 散佈圖的模式

散佈圖的模式分為 **正相關**、**負相關** 和 **無相關**。

● ── 正相關

「橫軸（X軸）的值愈大，縱軸（Y軸）的值愈大的資料」，稱為「正相關」。相關是「互相具有關係」的意思。冰淇淋店的氣溫和顧客人數的關係呈現「正相關」。正相關的圖表是往右斜上分布。

● ── 負相關

與正相關相反，「橫軸的值愈大，縱軸的值愈小的資料」，稱為「負相關」。負相關的圖表是往右斜下分布。

● ── 無相關

既無正相關亦無負相關，像這種「橫軸值與縱軸值沒有明確關係的資料」，稱為「無相關」。

圖1-3-2　正相關、負相關、無相關的模式

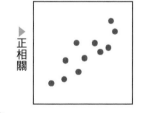▶正相關　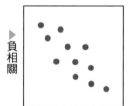▶負相關　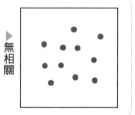▶無相關

● 仔細檢視散佈圖

使用這張散佈圖，就能大致預測出顧客人數。如果一天的最高氣溫是30度的話……咦？

店長，您怎麼了？

 小愛，妳看看這張散佈圖30度的地方，好像分成兩組資料吧，這是為什麼呢？

圖1-3-3　其他店家的氣溫與顧客人數的關係

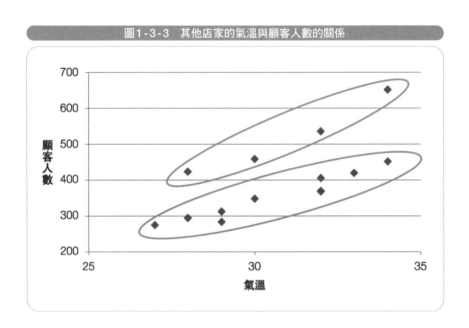

 這裡是呈現平日或假日的影響吧。上面是假日的資料，而下面是平日的資料。換言之，根據假日或平日，預測出來的數字會有所不同。

 原來如此。就算描繪出散佈圖，也必須仔細地觀察資料。

 對啊。調查時經常回頭觀察資料是很重要的一件事。

多虧有小愛的幫忙，「21世紀冰淇淋」才得以順利地開幕。利用最高氣溫和顧客人數的散佈圖預測顧客人數，結果相當準確！由於事前針對進貨數量和工讀生人數進行調整，既沒有出現商品短缺的情況，也沒有因人手不足而讓顧客不耐久候。

　　21世紀冰淇淋剛開幕就贏得好彩頭。

P O I N T

●想要調查資料的分布程度或資料之間的關係時，可以利用散佈圖。

●散佈圖有正相關、負相關、無相關等模式。

●正相關是指「橫軸值愈大，縱軸值也愈大的資料」。正相關的圖表是往右斜上分布。

●負相關是指「橫軸值愈大，縱軸值愈小的資料」。負相關的圖表是往右斜下分布。

●無相關是指「橫軸值與縱軸值沒有明確關係的資料」。

浴池溫度和舒適感具相關性嗎？

　　只要描繪出散佈圖，我們大致就能猜出資料是正相關、負相關或無相關。資料往右斜上分布的話即為正相關，往右斜下分布為負相關，零散分布則為無相關。

　　那麼，「浴室的溫度與舒適感」是否存在相關性呢？將這些資料繪製成散佈圖，如下圖所示。我們將橫軸設為浴室的溫度，縱軸設為舒適感。假如水質太滑、水溫過燙，都會讓人產生不舒服的感覺。在某個合適的溫度（差不多40度左右），舒適感會達到最高，這就是山型散佈圖。

　　「相關」的意思是「彼此之間存在關係」。確實，浴度的溫度和舒適度之間存在如上所述的關係，因此可以說兩者具有相關性，這樣的相關稱為曲線相關（curve correlation）。然而，如果計算用來表示相關強度的相關係數（在第2章介紹），就會發現這個值趨近於零（也就是無相關）。這是因為相關係數是以線性相關為前提。只要描繪散佈圖，就能隨即發現曲線相關。

浴室的溫度與舒適感的關係

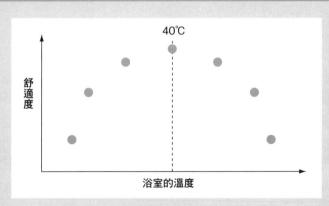

確認測驗

問題　下面的資料是針對19名大學生的入學考試分數和入學後的學業成績（GPA：滿分4分）進行的調查。

① 請把資料輸入Excel。

② 請製作散佈圖。

③ 請用文章寫出可以從散佈圖上看出哪些內容。

學生	入學考試分數	學業成績
1	440	1.57
2	448	1.83
3	455	2.05
4	460	1.14
5	473	2.73
6	485	1.65
7	489	2.02
8	500	2.98
9	512	1.79
10	518	2.63
11	528	2.08
12	550	2.15
13	582	3.44
14	569	3.05
15	585	3.19
16	593	3.42
17	620	3.87
18	650	3.00
19	690	3.12

答案在➡p.154

第2章

想瞭解相關的強度

相關係數

本章學習的內容

- 相關係數的計算方式
- 相關係數的意義

◐ 高度相關？低度相關？

　　幸虧有最高氣溫和顧客人數的散佈圖，21世紀冰淇淋才得以順利預測出開幕當天的顧客人數。店長嚐過散佈圖的甜頭後，開始從各種地方蒐集資料進行分析，然而他今天卻似乎陷入某種沉思狀態。

 小愛，妳能幫我看看這個散佈圖嗎？這是本店9月分的最高氣溫和顧客人數的平日資料。

 呈現往右斜上的分布，這是正相關吧。

 話是這麼說沒錯，但妳試著和X店的散佈圖對比一下。

雖然兩張散佈圖都呈現往右斜上分布的正相關，但X店的趨勢更明顯。反觀本店的散佈圖，感覺起來好像比較零散欸？

圖2-1-1　本店與X店的最高氣溫與顧客人數的關係（平日資料）

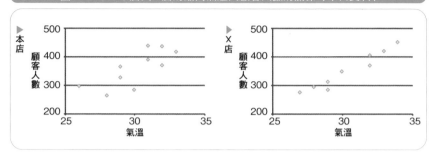

 就是說啊。可是，集中和零散的定義並沒有明確的界定吧？妳能不能從統計學的角度，用更專業的說法來解釋一下？

 咦！更專業的說法？真的做得到嗎？

【練習題】

　　使用下列資料分別繪製本店和X店的散佈圖。在Excel中繪製散佈圖的方法，請參考第1章（→P.15）。

本店的資料			X店的資料		
日期	最高氣溫	顧客人數	日期	最高氣溫	顧客人數
1	29	326	1	29	312
2	29	364	2	30	348
3	30	283	3	29	284
4	32	369	4	32	369
5	33	417	5	33	420
8	32	436	8	27	275
9	31	438	9	28	294
10	26	296	10	32	368
11	28	263	11	34	451
12	31	389	12	32	405

第**2**章｜想瞭解相關的強度　相關係數

● 希望用數值來判斷相關性！

對此煩惱不已的小愛，決定找大學研究室的上原學姊商量。

 喔，明顯的相關和零散的相關啊。

 是啊。可是，「明顯」或「零散」這樣的說法實在過於模稜兩可，能不能用什麼數值之類的東西，以專業的說法來充分反映分布的情況呢？

 當然沒問題，使用相關係數就能做到。

 香？關係數？

相關係數是一種表示相關強度的數值，我們可以使用Excel來計算。首先算出本店的相關係數，相關係數的意義將在下一節向大家說明。

◑計算相關係數

按照以下步驟，計算出本店的相關係數。

●── 計算最高氣溫、顧客人數的平均數和標準差

首先分別計算出最高氣溫、顧客人數的平均數和標準差。**平均數**是利用資料總和除以資料數量計算出來，也就是讓資料「變得勻稱的值」。在Excel中可以使用「AVERAGE」這個函數來計算平均數。

標準差是以平均數為中心，表示資料偏離多少程度的數值。資料的分散程度愈大，標準差就愈大；反之，資料的分散程度愈小，標準差就愈小。在Excel中，標準差可以用「STDEVP」這個函數來計算。

$$標準偏差 = \sqrt{（資料-平均值）^2的總和 ÷ 資料個數}$$

※若想徹底瞭解平均數和標準差的話，不妨閱讀本書的姊妹作《薯條每包有幾根？從漢堡店輕鬆學超有趣的統計學！》

①在這格輸入計算平均數的公式「＝AVERAGE（B3：B12）」。這是「計算B3儲存格到B12儲存格的平均」的意思。

	A	B	C
1	本店的資料		
2	日期	最高氣溫	顧客人數
3	1	29	326
4	2	29	364
5	3	30	283
6	4	32	369
7	5	33	417
8	8	32	436
9	9	31	438
10	10	26	296
11	11	28	263
12	12	31	389
13	平均	30.1	358.1
14	標準差	2.022375	60.498678

③輸入計算平均數的函數「＝AVERAGE（C3：C12）」。

②輸入標準差「＝STDEVP（B3：B12）」。這是「計算B3儲存格到B12儲存格的標準差」的意思。

④輸入標準差的函數「＝STDEVP（C3：C12）」。

● 計算偏差

偏差是指偏離平均數的差。舉例來說，一天中最高氣溫的偏差，可以通過下列公式計算。

偏差＝一天的最高氣溫－平均氣溫＝29－30.1＝－1.1

下面讓我們分別計算最高氣溫和顧客人數的偏差吧。另外，這裡將最高氣溫設為「X」，顧客人數設為「Y」，最高氣溫的偏差稱為「偏差X」，顧客人數的偏差稱為「偏差Y」（因為散佈圖的X軸〔橫軸〕為最高氣溫，Y軸〔縱軸〕為顧客人數）。

①計算最高氣溫的偏差。於D3儲存格中輸入「＝B3－B13」。B13儲存格填入最高氣溫的平均（後面會解釋「$」這個符號的意思）。

②計算顧客人數的偏差。於E3儲存格中輸入「＝C3－C13」。C13儲存格填入顧客人數的平均。

	A	B	C	D	E
1	本店的資料				
2	日期	最高氣溫	顧客人數	偏差X	偏差Y
3	1	29	326	-1.1	-32.1
4	2	29	364	-1.1	5.9
5	3	30	283	-0.1	-75.1
6	4	32	369	1.9	10.9
7	5	33	417	2.9	58.9
8	8	32	436	1.9	77.9
9	9	31	438	0.9	79.9
10	10	26	296	-4.1	-62.1
11	11	28	263	-2.1	-95.1
12	12	31	389	0.9	30.9
13	平均	30.1	358.1		
14	標準差	2.022375	60.498678		

③複製D3儲存格的計算公式，黏貼在D4～D12的儲存格中。

④複製E3儲存格的計算公式，黏貼在E4～E12的儲存格中。

這裡針對Excel函數中所使用的「$」符號進行說明。舉例來說，將D3儲存格的計算公式「＝B3－B13」複製到D4儲存格時，計算公式會自動變成「＝B4－B14」。B3變成B4才是我們需要的，但B13變成B14反而會造成我們的困擾。因為B13儲存格中才有平均數，B14儲存格是其他的數值。

這時，$ 符號就能派上用場。只要加上 $ 這個符號，那麼無論複製到哪，計算公式的儲存格也不會改變。也就是說，假設是「＝B3－B13」，公式內的B3會隨著複製而變化，B13仍會保持固定不變。

●── 計算偏差積及其平均

將最高氣溫的偏差（偏差X）與顧客人數的偏差（偏差Y）相乘在一起，稱為**偏差積**。下面讓我們計算每筆資料的偏差積及其平均吧。

	A	B	C	D	E	F
1	本店的資料					
2	日期	最高氣溫	顧客人數	偏差X	偏差Y	偏差積
3	1	29	326	-1.1	-32.1	35.31
4	2	29	364	-1.1	5.9	-6.49
5	3	30	283	-0.1	-75.1	7.51
6	4	32	369	1.9	10.9	20.71
7	5	33	417	2.9	58.9	170.81
8	8	32	436	1.9	77.9	148.01
9	9	31	438	0.9	79.9	71.91
10	10	26	296	-4.1	-62.1	254.61
11	11	28	263	-2.1	-95.1	199.71
12	12	31	389	0.9	30.9	27.81
13	平均	30.1	358.1		偏差積的平均	92.99
14	標準差	2.022375	60.498678			

①在F3儲存格中輸入「＝D3*E3」。「*」（星號）為乘法的符號。

②複製F3儲存格，黏貼到F4～F12儲存格中。

③在F13儲存格中輸入偏差積平均的計算公式「＝AVERAGE（F3：F12）」。

●── 計算相關係數

相關係數可以通過下列公式計算出來。

相關係數＝偏差積的平均 ÷ 最高氣溫的標準差 ÷ 顧客人數的標準差

	A	B	C	D	E	F
1	本店的資料					
2	日期	最高氣溫	顧客人數	偏差X	偏差Y	偏差積
3	1	29	326	-1.1	-32.1	35.31
4	2	29	364	-1.1	5.9	-6.49
5	3	30	283	-0.1	-75.1	7.51
6	4	32	369	1.9	10.9	20.71
7	5	33	417	2.9	58.9	170.81
8	8	32	436	1.9	77.9	148.01
9	9	31	438	0.9	79.9	71.91
10	10	26	296	-4.1	-62.1	254.61
11	11	28	263	-2.1	-95.1	199.71
12	12	31	389	0.9	30.9	27.81
13	平均	30.1	358.1		偏差積的平均	92.99
14	標準差	2.022375	60.498678		相關係數	0.760026

在F14儲存格中輸入相關係數的計算公式「＝F13/B14/C14」。「/」（斜槓）為除法的符號。

●── 變更小數點以下的顯示位數

若覺得小數點以下的數值較多，就變更小數點以下的顯示位數吧。想在Excel中變更小數點以下的顯示位數，可以使用下圖②的按鈕。只要點擊這個按鈕，「60.49868」就會顯示為「60.50」，但儲存格中的數值仍會維持「60.49868…」不變。

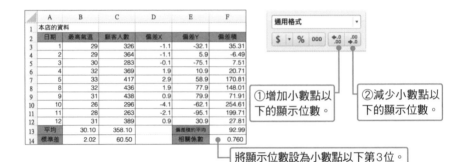

	A	B	C	D	E	F
1	本店的資料					
2	日期	最高氣溫	顧客人數	偏差X	偏差Y	偏差積
3	1	29	326	-1.1	-32.1	35.31
4	2	29	364	-1.1	5.9	-6.49
5	3	30	283	-0.1	-75.1	7.51
6	4	32	369	1.9	10.9	20.71
7	5	33	417	2.9	58.9	170.81
8	8	32	436	1.9	77.9	148.01
9	9	31	438	0.9	79.9	71.91
10	10	26	296	-4.1	-62.1	254.61
11	11	28	263	-2.1	-95.1	199.71
12	12	31	389	0.9	30.9	27.81
13	平均	30.10	358.10		偏差積的平均	92.99
14	標準差	2.02	60.50		相關係數	0.760

①增加小數點以下的顯示位數。

②減少小數點以下的顯示位數。

將顯示位數設為小數點以下第3位。

【練習題】

按照剛才記住的順序，同樣試著計算X店的相關係數。結果應該會和下方表格一致。

	A	B	C	D	E	F
1	X店的資料					
2	日期	最高氣溫	顧客人數	偏差X	偏差Y	偏差積
3	1	29	312	-1.6	-40.6	64.96
4	2	30	348	-0.6	-4.6	2.76
5	3	29	284	-1.6	-68.6	109.76
6	4	32	369	1.4	16.4	22.96
7	5	33	420	2.4	67.4	161.76
8	8	27	275	-3.6	-77.6	279.36
9	9	28	294	-2.6	-58.6	152.36
10	10	32	368	1.4	15.4	21.56
11	11	34	451	3.4	98.4	334.56
12	12	32	405	1.4	52.4	73.36
13	平均	30.60	352.60		偏差積的平均	122.34
14	標準差	2.20	57.71		相關係數	0.964

2-3 相關的強度

◐ 強度的標準是什麼？

　　在上原學姊的指導下，小愛總算計算出自家店鋪和X店鋪兩家店之間的相關係數。

 上原學姊，我們家的相關係數是0.760，X店的相關係數是0.964……這些數字分別代表什麼意思呢？

 X店的相關係數比較大，代表X店的相關性比起小愛打工的店更強烈。不過，小愛打工的店也有很強的相關性喔。

 咦！我們家也一樣嗎？

 是的。用言語形容相關係數時，通常會使用下表2-3-1的說法。

 原來如此～。
我們家的相關係數是0.760，可以說是具備高度相關。

表2-3-1　相關係數的值和強度的標準

相關係數的值		標準
−0.2≦相關係數＜0	0＜相關係數≦0.2	幾乎不相關
−0.4≦相關係數＜−0.2	0.2＜相關係數≦0.4	低度相關
−0.7≦相關係數＜−0.4	0.4＜相關係數≦0.7	中度相關
−1.0≦相關係數＜−0.7	0.7＜相關係數≦1.0	高度相關

2-4 思考相關係數的意義

相關係數介於－1到＋1之間

　　小愛已經在上一節弄清楚相關性的強度，但她還有一些地方怎麼想也想不通。

上原學姊，相關係數都是像0.760或0.964那麼小的數字嗎？

對啊。相關係數的值都會介於－1到＋1之間。所以說，如果計算出來的相關係數為3.5，就代表計算過程有誤。

為什麼相關係數會介於－1到＋1之間呢？

在開始說明之前，我們先思考一下相關係數的意義。

偏差積之和具有什麼意義？

　　請回想一下在Excel中計算相關係數時的情景。首先，我們會計算資料和平均數之間的差（偏差）。偏差代表的是資料比平均數大或小於多少的程度。

　　讓我們使用下頁圖2-4-1的散佈圖，來觀察偏差X（X軸上的偏差）。偏差X是X軸上距離平均值的長度（箭頭部分）。在X軸上，位於平均值右側的資料皆大於平均值，因此偏差X為正數；反之，位於平均值左側的資料皆小於平均值，因此偏差X為負數。

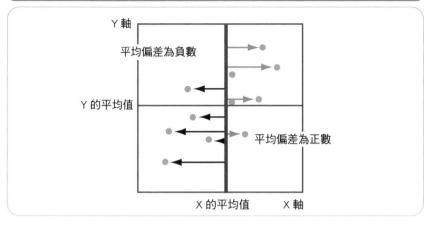

圖2-4-1　觀察偏差X

Y軸

平均偏差為負數

Y的平均值

平均偏差為正數

X的平均值　　X軸

　　接著讓我們從圖2-4-2的角度,來觀察偏差Y(Y軸上的偏差)。偏差Y是Y軸上距離平均值的長度(箭頭部分)。在Y軸上,位於平均值上方的資料皆大於平均值,因此偏差Y為正數;反之,位於平均值下方的資料皆小於平均值,因此偏差Y為負數。

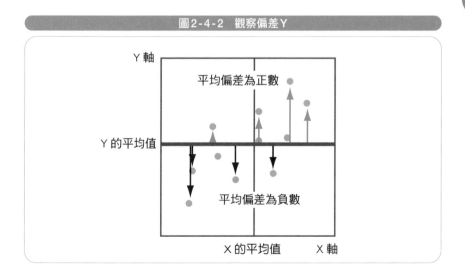

圖2-4-2　觀察偏差Y

Y軸

平均偏差為正數

Y的平均值

平均偏差為負數

X的平均值　　X軸

　　總結前述兩種情況,我們可以根據X和Y的平均值,將資料劃分為四塊區域。

請見下圖2-4-3左側的圖。在右上方的區域，偏差X和偏差Y均為正數。在右下方的區域，偏差X為正數，偏差Y為負數。在左下方的區域，偏差X和偏差Y均為負數。在左上方的區域，偏差X為負數，偏差Y為正數。

圖2-4-3　各區域的偏差符號與偏差相乘的結果（偏差積的符號）

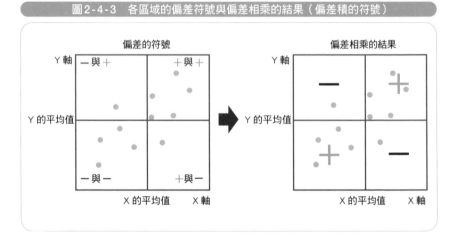

那麼，偏差X和偏差Y相乘會出現什麼樣的結果呢？

偏差X和偏差Y相乘得到的結果稱為 偏差積。請看前面圖2-4-3右側的圖。在右上方的區域，偏差為正數和正數，相乘後的偏差積亦為正數。在右下方的區域，偏差為正數和負數，因此偏差積為負數。在左下方的區域，偏差為負數和負數，因此偏差積為正數。在左上方的區域，偏差為負數和正數，因此偏差積為負數。

換言之，右上方和左下方兩塊區域為正數，其他區域為負數。

接著讓我們思考一下，偏差積之和會根據資料分布的方式，呈現何種樣貌。請見下頁的圖2-4-4。

如圖2-4-4左側的圖所示，若資料集中在右上方和左下方，由於這兩塊區域均為正數，因此偏差積之和亦為正數；反之，如圖2-4-4中間的圖所示，如果資料集中在右下方和左上方，由於這兩塊區域均為負數，因此偏差積之和亦為負數。

如圖2-4-4右側的圖所示，資料幾乎均等地分布在四塊區域時，代表的是什麼情況呢？在這種情況下，正數和負數會相互抵消，相關性為零。

圖2-4-4　正相關（左）、負相關（中）、零相關（右）

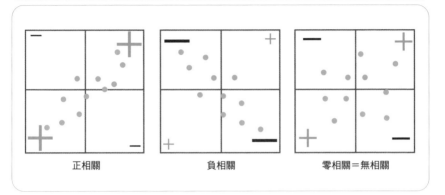

正相關　　　　　　　　負相關　　　　　　零相關＝無相關

 喔，原來是根據資料分布在四塊區域的情況，以決定偏差積之和為正數、負數或者為零。

 沒錯。所以，往右斜上分布的散佈圖是正相關，往右斜下分布的散佈圖是負相關，零散分布的散佈圖是零相關。

● 為什麼要用偏差積的平均除以標準差？

 上原學姊，我已經瞭解根據散佈圖形狀的不同，有可能讓偏差積之和呈現正數或負數。不過，其計算方式是計算偏差積的平均，再除以X和Y的標準差對吧？

 對，讓我來說明一下理由吧。

首先，計算偏差積的平均，目的是為了排除資料個數造成的影響。當資料為正相關時，資料數愈多，偏差積之和就愈大；反之，當資料為負相關時，偏差積之和就愈小。為了避免這種情況，我們將偏差積之和除以資料個數，以此計算其平均。

接著，將偏差積的平均除以X的標準差和Y的標準差，這麼做意味著讓X和Y的標準差都同樣為1。

將結果繪製成圖，如下圖2-4-5所示。

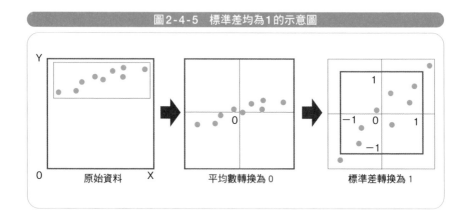

圖2-4-5　標準差均為1的示意圖

 從這張圖來看，我覺得也可以先將所有資料的平均數轉換為0，標準差轉換為1，然後再相乘起來。

 妳說得沒錯，這麼做也可以計算相關係數喔，算出來的結果都是一樣的。這就是為什麼相關係數會介於−1到＋1之間的原因。

如下頁圖2-4-6的左圖所示，相關係數為1時，分布為一條完全往右斜上排列的直線。反之，如下頁圖2-4-6的右圖所示，相關係數為−1時，分布為一條完全往右斜下排列的直線。

圖2-4-6　相關係數為1的情況（左）和相關係數為-1的情況（右）

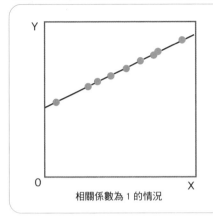

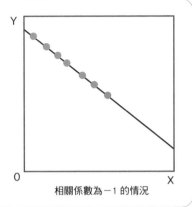

相關係數為 1 的情況　　　　　　　　相關係數為-1 的情況

 學姊，直線的斜率對相關性有影響嗎？

 斜率沒什麼影響，只是往右斜上分布時，相關係數為1；往右斜下分布時，相關係數為-1。因為這是通過將標準差設為1來進行調整的。不過，如果是完全呈90度（即垂直）或180度（即水平）的直線，則相關係數為零。

認真學習相關係數的小愛，隨即回到店裡向店長報告這件事。

 店長，相關的強度可以用相關係數來表示。

 香？關係數？

 不是啦，是相關係數。本店9月分的最高氣溫和顧客人數的相關係數為0.760，X店的相關係數為0.964。

 0.760和0.964？那是什麼意思？

兩者皆為正值，代表具有正相關。因為Ｘ店的數值比較大，可以認為Ｘ店比本店有更強的相關性。

 原來是這個意思啊。小愛，謝謝妳幫忙調查。

P O I N T

- 相關係數是指用來表示相關強度的數值。
- 相關係數＝偏差積的平均÷標準差Ｘ÷標準差Ｙ
- 相關係數的值介於－１到＋１之間。
- 往右斜上分布的散佈圖，相關係數為正數。
- 往右斜下分布的散佈圖，相關係數為負數。
- 零散的散佈圖為零相關。完全呈90度（垂直）或180度（水平）的直線，相關係數亦為零。

注意離群值！

　　用來表示相關強度的相關係數固然非常便利，但仔細觀察散佈圖也是相當重要的一件事。在第一章的專欄中提到的曲線相關就是其中一個例子，我們也可以透過觀察散佈圖來發現離群值。

　　離群值是指極端偏離全體分布中心的值。如果原因在於資料輸入錯誤，那麼只需將其修正即可，若非如此，就必須慎重考慮離群值的處理方式。

　　在下面的左圖中，排除離群值後的資料，相關係數趨近於零，但由於右上角有一個離群值，導致相關係數呈現正數。

　　另外，在下面的右圖中，排除離群值後的資料，相關係數趨近＋1，看似有很強的相關性，但由於右下角有一個離群值，導致相關係數的值大幅降低。

　　由此可見，離群值會對相關係數造成強烈的影響。是否要將離群值從資料分析中排除，需要結合研究目的進行討論。不管怎麼説，在進行資料分析時，第一步還是得先仔細地觀察散佈圖，看看是否存在離群值。

無相關與離群值（左）、正相關與離群值（右）

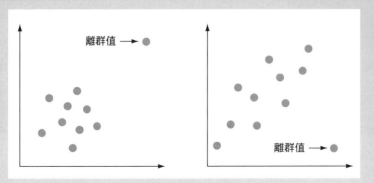

離群值 ⟶ ●

離群值 ⟶ ●

確認測驗

下面的資料是針對 **19** 名大學生的入學考試分數和入學後的學業成績（GPA：滿分 **4** 分）進行的調查（與第 **1** 章的確認測驗資料相同）。

① 計算相關係數。
② 請用文章寫出可以從相關係數得出什麼樣的結論。

學生	入學考試分數	學業成績
1	440	1.57
2	448	1.83
3	455	2.05
4	460	1.14
5	473	2.73
6	485	1.65
7	489	2.02
8	500	2.98
9	512	1.79
10	518	2.63
11	528	2.08
12	550	2.15
13	582	3.44
14	569	3.05
15	585	3.19
16	593	3.42
17	620	3.87
18	650	3.00
19	690	3.12

答案在 ➡ p.155

第 **3** 章

那個相關係數
有意義嗎？

無相關檢定

本章學習的內容

- 母體和樣本
- 無相關檢定
- 虛無假設

3-1 調查樣本的相關係數

● 居然得分析 500 份問卷……

小愛打工的地方「21世紀冰淇淋」，客人就如預期一樣絡繹不絕。
據說在周圍的年輕人之間都獲得一致好評。

某一天，店長突然抱著一大盒紙箱來到店裡。

 親愛的小～愛。

 是，店長有什麼事呢？哇，這一箱東西是什麼？

 是這樣的。我對客人做了問卷調查，這一箱有 500 人份。

44

難、難不成……。

對！小愛，妳真聰明！

我突然想起來家裡有一件急事要辦，今天我先請假告退了。

別這樣嘛，小愛。妳先聽我解釋一下，我會付妳特別津貼的啦，可以請妳幫忙分析這堆客戶問卷調查嗎？其中我最想知道的是年齡和每月來店次數的關係。

多久要分析完成？

實不相瞞……後天就必須向總部提出報告了。

咦咦！這也太強人所難了吧，一共有500人份的資料欸？

我知道這個要求不太合理，但求求妳幫個忙好嗎……。

嗚誒～。

● 母體和樣本

　　小愛把500人份的問卷帶回大學，正當她看著眼前這堆資料不知所措的時候，這時上原學姊出現了。

上原學──姊！請妳快來救救我。那個店長又提出無理的要求了，這次竟然叫我在一天內完成這堆問卷的分析作業。

哎呀，沒問題呀。

咦！這是真的嗎？

我們只需從這堆問卷中抽出資料進行分析就可以了。

咦咦！抽出資料進行分析就可以了嗎？

●── 抽出樣本

想當然，沒有比用手上所有的資料來做分析更好的方式。然而，在大多數的情況下是做不到的。

作為分析對象來設想的群體，稱為 **母體**。舉例來說，想瞭解政黨的支持率時，調查對象為「居住在日本的所有選民」，這個對象就是母體。可是，想要在短時間內將全日本的所有選民都調查完一遍，根本難如登天。

因此，我們只好從母體中抽出一定數量的資料，這些被抽出的資料稱為 **樣本**。從母體抽出樣本，這個行為稱為 **抽樣**。樣本的英語為 Sample；抽樣的英語為 Sampling。

抽樣最重要的是要做到毫無偏頗，從母體抽出樣本時不摻雜人為的意圖，這種抽樣方式就稱為 **隨機抽樣（Random Sampling）**。具體來說，就是以抽籤、亂數表、骰子等方式來決定抽出的樣本。

喔，所以說，從我的情況來看，母體是「來過本店光顧的全體顧客」，問卷調查就是從中抽出的樣本嗎？

沒錯。不過，此刻我們得把全部問卷視為母體，從中抽出樣本。

好，我知道了，我立刻就從這堆問卷中抽出樣本。

小愛，別忘了要將問卷充分攪拌，最好平均地從母體中抽出喔。

圖3-1-1　從母體中抽出樣本

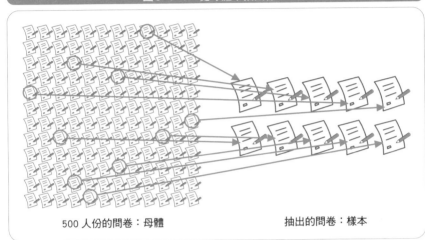

500人份的問卷：母體　　　　　　　　　　抽出的問卷：樣本

學姊，我從中抽出了20人份的問卷。

OK！那麼，讓我們來研究一下這20人份的樣本吧。

　　下一頁的表3-1-2即為這次抽出的樣本。按照之前的方式，把這些資料輸入Excel中進行分析吧。

表3-1-2　樣本資料

標本	年齡	每月來店數
1	18	8
2	20	8
3	22	7
4	19	6
5	21	6
6	23	5
7	17	7
8	13	3
9	22	6
10	24	5
11	21	6
12	15	2
13	19	7
14	17	5
15	20	7
16	16	4
17	21	6
18	26	4
19	18	5
20	19	7

【練習題】

　首先，將20人份的資料輸入Excel，製作散佈圖，接著計算相關係數。

3-2 無相關檢定

● 可以認為存在相關性嗎？

 學姊，我做好散佈圖了。

 分布呈現什麼形狀呢？

 散佈圖整體是往右斜上分布，但在年齡20歲左右的地方開始出現彎曲。

圖3-2-1　每月來店次數的年齡別樣本

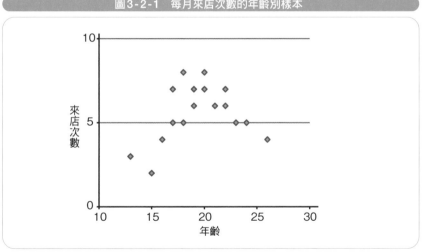

 這種散佈圖的形狀，在分析的時候一定要特別注意。妳算出來的相關係數是多少？

 我四捨五入到小數點以下第三位，得到相關係數為0.267。因為這個數字大於0.2，應該可以說屬於「低度相關」吧？

圖3-2-2　年齡與每月來店次數的相關係數

偏差X「＝B2－B22」

偏差Y「＝C2－C22」

偏差積「＝D2*E2」

年齡設為「X」，每月來店次數設為「Y」

	A	B	C	D	E	F
1	樣本	年齡	每月來店次數	偏差X	偏差Y	偏差積
2	1	18	8	-1.55	2.30	-3.565
3	2	20	8	0.45	2.30	1.035
4	3	22	7	2.45	1.30	3.185
5	4	19	6	-0.55	0.30	-0.165
6	5	21	6	1.45	0.30	0.435
7	6	23	5	3.45	-0.70	-2.415
8	7	17	7	-2.55	1.30	-3.315
9	8	13	3	-6.55	-2.70	17.685
10	9	22	6	2.45	0.30	0.735
11	10	24	5	4.45	-0.70	-3.115
12	11	21	6	1.45	0.30	0.435
13	12	15	2	-4.55	-3.70	16.835
14	13	19	7	-0.55	1.30	-0.715
15	14	17	5	-2.55	-0.70	1.785
16	15	20	7	0.45	1.30	0.585
17	16	16	4	-3.55	-1.70	6.035
18	17	21	6	1.45	0.30	0.435
19	18	26	4	6.45	-1.70	-10.965
20	19	18	5	-1.55	-0.70	1.085
21	20	19	7	-0.55	1.30	-0.715
22	平均	19.55	5.70		偏差積的平均	1.27
23	標準差	3.06	1.55		相關係數	0.267

年齡的平均
「＝AVERAGE（B2：B21）」

年齡的標準差
「＝STDEVP（B2：B21）」

每月來店次數的平均
「＝AVERAGE（C2：C21）」

每月來店次數的標準差
「＝STDEVP（C2：C21）」

相關係數
「＝F22/B23/C23」

偏差積的平均
「＝AVERAGE（F2：F21）」

將D2、E2、F2儲存格的計算公式複製貼上

 雖然從標準來看是這樣沒錯，不過嘛……。

表3-2-3　相關係數的值和強度的標準

相關係數的值		標準
−0.2≦相關係數＜0	0＜相關係數≦0.2	幾乎不相關
−0.4≦相關係數＜−0.2	0.2＜相關係數≦0.4	低度相關
−0.7≦相關係數＜−0.4	0.4＜相關係數≦0.7	中度相關
−1.0≦相關係數＜−0.7	0.7＜相關係數≦1.0	高度相關

 不過……？

 儘管從標準來看屬於「低度相關」沒錯，但這裡要稍微深入思考一下。換句話說，0.267這個相關係數具有相關性抑或不具相關性呢？

 咦？因為屬於「低度相關」，也可以說具有相關性不是嗎？

 那我問妳，如果數字是0.198的話呢？

 呃～這個數字有點尷尬欸。

 是吧。之所以把相關係數0.2～0.4稱為「低度相關」，終究只是為了便宜行事罷了，這些標準並沒有什麼依據。我們必須確定0.267這個數字「是否有意義」（是否確實具有相關性），或是「只是偶然算出這個數字」（其實不具相關性）。

 真有這種方法嗎？

 其實有的。就是所謂的顯著性檢定（Significance Testing），或者簡稱為檢定。顯著為「具有意義」的意思。

● 無相關檢定

　　取出某組樣本，在計算其相關係數的時候，決定該相關係數是否顯著，這種檢定方式稱為**無相關檢定**。

無相關檢定是按照下列①～⑦的步驟依序思考。

①首先假設母體的相關係數為零，這種假設稱為**虛無假設**。一旦這個虛無假設遭到否定，即可接受與其對立的假設「母體的相關係數並非為零」。否定時稱為**拒絕**虛無假設，反之稱為**接受**虛無假設。

②從相關係數為零的母體中取出20個樣本時，調查其相關係數為多少，反覆多次進行調查。原始母體的相關係數為零，所以樣本的相關係數應該也多半為零。不過也有可能出現0.1或−0.2這樣的相關係數。另外，不太可能出現0.9或−0.95這樣的相關係數。

圖3-2-4 從零相關的母體中抽出樣本

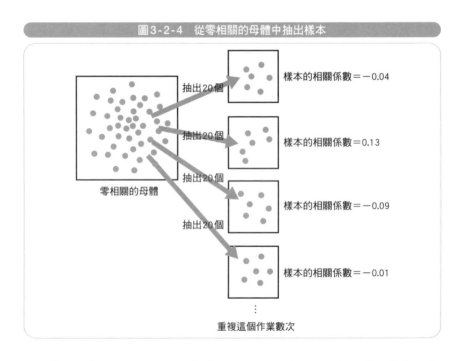

零相關的母體

抽出20個　樣本的相關係數＝−0.04

抽出20個　樣本的相關係數＝0.13

抽出20個　樣本的相關係數＝−0.09

抽出20個　樣本的相關係數＝−0.01

⋮

重複這個作業數次

③步驟②重複數次，調查樣本的相關係數產生變化的機率。將相關係數繪製成圖，機率分布如圖3-2-5所示。機率分布的橫軸為相關係數，縱軸為機率密度，其面積即是機率。如圖所示，相關係數為零的周邊是最高的山型分布。由圖可知，相關係數愈接近−1和1，機率愈小。

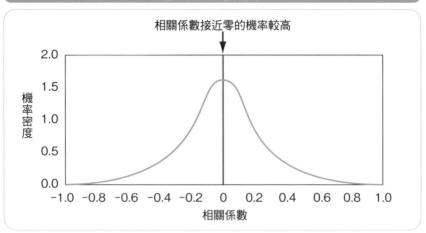

圖3-2-5　機率分布

相關係數接近零的機率較高

機率密度

相關係數

④我們得到這個機率分布後，可以從下面的角度來思考。「現在從20
個樣本得到的相關係數為0.267，那麼實際發生的機率是多少呢？」
這點從圖3-2-6觀察就能明白。藍色部分的面積代表相關係數大於
0.267時的機率。

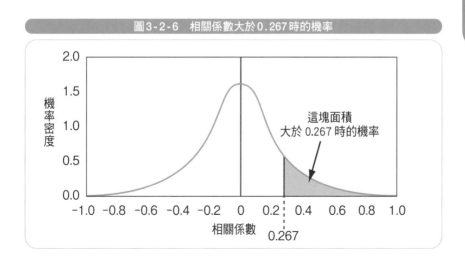

圖3-2-6　相關係數大於0.267時的機率

機率密度

這塊面積
大於0.267時的機率

相關係數
0.267

⑤接下來決定「不常發生」和「即使發生也不奇怪」的界限。通常傳統上都是採用0.05（5％）或0.01（1％）。換言之，如果100次中出現不到1次（1％），或100次中出現不到5次（5％）的話，即可認定為「不常發生」，否則就認定為「即使發生也不奇怪」。這個界限就稱為**顯著水準**。

⑥假設我們現在將顯著水準設定為5％，那麼界限就落在－0.444和0.444這兩個地方。也就是說，若抽出20個樣本計算相關係數時，其值小於－0.444或大於0.444的機率為5％。如圖3-2-7所示，從圖表的兩側分別取0.025的面積。因為是左右兩邊的面積，合計在一起為0.05（5％）。有人可能會問，為什麼要同時取正負兩邊呢？這是因為通常在進行相關係數的檢定時，正負兩邊都有其意義。此時的0.444稱為**臨界值**。

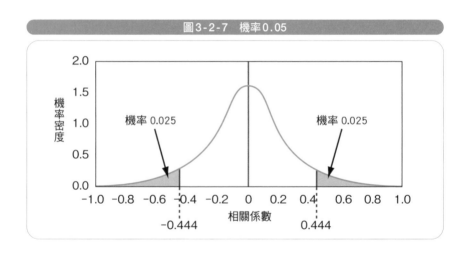

圖3-2-7　機率0.05

⑦在這樣的情況下，試著比較0.444和0.267。從這張圖可以看出，相關係數0.267的發生機率要大於5％，因為這個數字比0.444更接近中心。機率大於5％，可以認定「就算發生這種情況一點也不奇怪」。換言之，接受（採納）一開始的虛無假設「母體的相關係數為零」。這表示結論為「從樣本得到的相關係數0.267，在5％的顯著水準下並不顯著」。換句話說，用一般的說

法來解釋，代表「雖然樣本的相關係數為 0.267，但不能認為這個相關係數有其意義，因為我們不能否定母體的相關係數為零」的意思。

● 為什麼要建立虛無假設？

嗯，檢定的觀念也太複雜了吧。依我來看，不建立虛無假設，一開始就從「和母體具有相關性」的假設來思考，然後再決定要拒絕或者接受，這樣不就行了嗎？

檢定觀念的重點就在於此，妳覺得為什麼要建立虛無假設呢？

我不知道。

這是因為「和母體具有相關性」的假設有無數個。妳想想看，母體的相關係數＝0.8，母體的相關係數＝0.5，母體的相關係數＝－0.3，母體的相關係數＝－0.95……看到了嗎，有無限多種吧？

真的耶！相較之下，「母體的相關係數＝0」的假設只有一個。

對。因此我們只要拒絕或接受唯一的虛無假設，就能一口氣分出勝負。

嗯～，檢定看似在繞遠路，其實做法相當合理。

圖3-2-8　虛無假設的流程

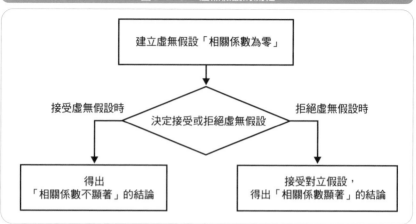

3-3 根據樣本數得到的臨界值

◑ 樣本數未必總是相同

 學姊，我已經知道當樣本數為20個時，5%顯著水準下的臨界值為0.444。可是，樣本數不可能每次都是20個吧？

 妳說得沒錯。有時少至只有5個樣本，有時也有可能多達300個樣本。

 這樣的話，我們要如何才能得知當下的臨界值呢？

 有鑑於此，大部分的統計學書籍中，都會刊載顯示不同樣本數的臨界值，以便讀者查詢。看起來就如下表（表3-3-1）這樣。

第3章 ｜ 無相關檢定 ｜ 那個相關係數有意義嗎？

表3-3-1　不同樣本數的臨界值

樣本數	5%顯著水準	1%顯著水準
3	0.997	1.000
4	0.950	0.990
5	0.878	0.959
6	0.811	0.917
7	0.754	0.875
8	0.707	0.834
9	0.666	0.798
10	0.632	0.765
11	0.602	0.735
12	0.576	0.708
13	0.553	0.684
14	0.532	0.661
15	0.514	0.641
16	0.497	0.623

（摘自南風原朝和《心理統計學的基礎》（有斐閣出版））

（樣本數17以後見下頁）

樣本數	5%顯著水準	1%顯著水準
17	0.482	0.606
18	0.468	0.590
19	0.456	0.575
20	0.444	0.561
30	0.361	0.463
40	0.312	0.403
50	0.279	0.361
60	0.254	0.330
70	0.235	0.306
80	0.220	0.286
90	0.207	0.270
100	0.197	0.256
200	0.139	0.182
300	0.113	0.149
400	0.098	0.129

● 從臨界值表格中注意到的事

 學姊，這張表感覺不太對勁。樣本數怎麼會一下子跳那麼大？妳看，20以後開始以每10個為單位，100以後開始以每100個為單位。

 因為全部都寫上去的話，表格會變得十分龐大，所以將中間不是整數的部分省略了。即使樣本數並非整數，只要用接近的數字來取代就可以了，所以在實際運用上不會有什麼問題。

 從這張表格來看，當樣本數為5個時，5%顯著水準下的臨界值為0.878。也就是說，只有大於這個數字的相關係數才具有顯著性，是這個意思吧。

 不錯。

 但是，根據之前學到的內容，0.878這樣的相關係數本身就屬於「高度相關」不是嗎？明明是高度相關卻不顯著，這樣不是相當矛盾嗎？

不會啊，一點也不奇怪喔。因為「高度相關」這樣的說法只是為了便宜行事而已。唯有樣本數達到一定程度時才適用這種說法。然而，要是遇到像5這種偏少的樣本數時，那麼即使相關係數再大，也不具有顯著性。

原來如此。奇怪？我看到樣本數為400時，臨界值是0.098。0.098的話，不就幾乎等於是零了嗎？前面也學過，這種情況可以說「幾乎不具相關性」。

是啊。如果樣本數太大，那麼即便相關係數很小，一樣也具有顯著性。在無相關檢定中，必須將這一點牢記在心。

嗯。無相關檢定的臨界值會根據不同的樣本數而產生極大變化。縱使計算出來的相關係數同樣都是0.4，樣本數為10和100時的意義也大不相同。感覺我大概明白了。

　　於是，認真學習了無相關檢定的小愛，回去向店長報告問卷調查的分析結果。

店長，我從問卷中隨機抽出20人的資料，計算年齡和每月來店次數的相關係數，結果得到0.267這個數字。

……這表示，年齡和每月來店次數果然還是具有相關性啊。

不，店長，請聽我說完。我針對0.267這個相關係數進行無相關檢定，結果顯示在5%的顯著水準下不具顯著性。

無、無、無相關檢定？顯著？妳在說什麼呀？

呃，簡單來說，相關係數0.267代表不顯著，因此不能認為兩者具有相關性。

 咦？是這樣嗎？……也就是說，年齡和每月來店次數之間一點關係也沒有？

 是的。

 喔，光憑相關係數是無法判斷的啊，統計學還真是深奧……。

P O I N T

- 作為分析對象的群體稱為「母體」。
- 從母體中抽出一定數量的資料稱為「抽樣」（Sampling）。
- 經過抽樣的資料稱為「樣本」（Sample）。
- 進行抽樣時，為了避免摻雜偏頗和人為的意圖，必須採取「隨機抽樣」。
- 進行抽樣，計算其相關係數的時候，決定該相關係數是否顯著，這種檢定方式稱為無相關檢定。
- 無相關檢定一開始需要建立「母體的相關係數為零」的虛無假設，然後根據不同樣本數的臨界值，決定相關係數是否顯著。

顯著水準是由誰決定？

無相關檢定的機制如下。如果樣本的相關係數大於由顯著水準和樣本大小決定的臨界值，那麼便拒絕母體為無相關的虛無假設，得出「不能認為不具相關性，也就是母體具有相關性」的結論。

話說，這裡的顯著水準是指什麼呢？這是母體明明沒有相關性，卻做出具有相關性的錯誤結論的機率。舉例來說，顯著水準5％，代表實際沒有相關性，卻誤認為具有相關性的機率，最大高達5％。換句話說，每20次中就有1次會做出錯誤的結論。

倘若想讓做出錯誤結論的機率更小一些，那麼就將顯著水準往下降低至1％，這時的錯誤率就減少至100次中出現1次。此外，如果還想要進一步減少錯誤機率的話，不妨將顯著水準設定為0.1％。這樣一來，錯誤率就減少至1000次中出現1次。

一般人總會認為錯誤的機率愈小愈好，但如果這麼做的話，反而會出現明明具有相關性，卻被視為無相關這種出錯機率反倒增加的情況。

想要減少明明具有相關性，卻將其視為無相關的錯誤，反而是提高顯著水準比較恰當。例如，將顯著水準提高到10％，比較容易得到具有顯著相關的結論。然而，這個結論每10次中就有1次是錯誤的。

將顯著水準設定為多少，取決於調查研究的目的、學科領域的習慣等，由進行調查的人來做決定。

問題

下面的資料是針對19名大學生的入學考試分數和入學後的學業成績（GPA：滿分4分）進行的調查（與第2章的確認測驗資料相同）。

① 如果這組資料是從該大學全體大學生中隨機抽出的樣本，那麼我們可以根據相關係數得出什麼樣的結論，請用統計學的說法來解釋。當樣本數為19時，臨界值為0.456（5%顯著水準）和0.575（1%顯著水準）。

② 以淺顯易懂的方式來說明①的內容。

學生	入學考試分數	學業成績
1	440	1.57
2	448	1.83
3	455	2.05
4	460	1.14
5	473	2.73
6	485	1.65
7	489	2.02
8	500	2.98
9	512	1.79
10	518	2.63
11	528	2.08
12	550	2.15
13	582	3.44
14	569	3.05
15	585	3.19
16	593	3.42
17	620	3.87
18	650	3.00
19	690	3.12

答案在 ➡ p.155

第 **4** 章

希望利用最高氣溫
預測顧客人數

迴歸線

（本章學習的內容）

● 迴歸線的原理
● 迴歸線的計算方式

● 迅速預測上門的顧客人數

　　小愛打工的冰淇淋店，很快地也即將迎來開幕後的一週年，店長也漸漸變得架勢十足。

 很好，馬上就要迎接炎熱的夏天了！

 店長還真是充滿幹勁呢，有什麼值得高興的事嗎？

 炎熱的酷夏正是享受冰淇淋的季節啊，我當然要嚴陣以待。

 說得也是。對我們工讀生來說，夏天可是會忙得分身乏術呢。

表4-1-1　去年夏季的最高氣溫和顧客人數資料

資料編號	最高氣溫	顧客人數	資料編號	最高氣溫	顧客人數
1	33	382	11	33	342
2	33	324	12	28	205
3	34	338	13	32	368
4	34	317	14	33	196
5	35	341	15	35	304
6	35	360	16	30	294
7	34	339	17	29	275
8	32	329	18	32	336
9	28	218	19	34	384
10	35	402	20	35	368

 可以預期客人的數量會大幅增加,所以現在必須事先安排好工讀生的班表。只是到底會有多少客人上門呢?若要安排工讀生的班表,必須事前準確預測客人的數量。

 您不是說過顧客人數和當天的最高氣溫有很大的相關性嗎?

 喔喔,對了。如果天氣預報能夠預測當天的最高氣溫,我們就可以根據它來預測客人的數量。小愛,這裡是去年夏天不包括假日的平日資料。

 我明白了,要製作散佈圖對吧?包在我身上。

圖4-1-2　去年夏季的最高氣溫和顧客人數的散佈圖

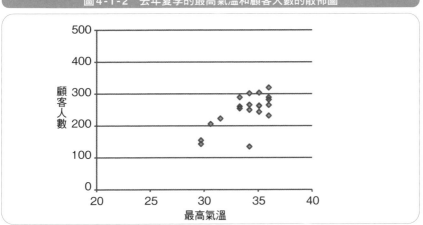

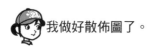我做好散佈圖了。

嗯——散佈圖確實如預期般往右斜上分布……但總覺得有點不夠清晰。該怎麼說呢，不知道有沒有辦法明確地畫出一條線來表示？只要有這條線，一眼就能看出我們想預測的顧客人數；我要的就是能給我這種感覺的直線。

图4-1-3　店長想要的直線

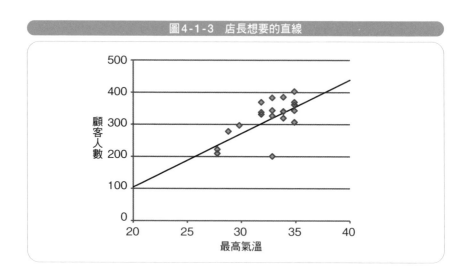

如果能畫出這樣的直線，確實可以輕易地計算出預測人數了。可是我們又不能憑感覺畫出來……該怎麼做才好呢？

4-2 迴歸線的原理

煩惱不已時的迴歸大作戰

　　遇到統計上的麻煩時，上原學姊就是小愛最大的靠山。她立刻動身前去找上原學姊商量。

 上原學姊，請妳看一下這張散佈圖。

 往右斜上分布，是正相關吧。

 是的。到這一步還能處理，但我想在這張圖上面畫一條直線。我想利用這條直線，根據最高氣溫來計算顧客人數。

 喔喔，妳想要畫「迴歸線」啊。

 迴鬼線？聽起來好可怕！

 不是啦，我是說「迴歸線」。妳別藉機說什麼冷笑話啦。

 誒嘿嘿。學姊，請妳教教我畫迴歸線的方法。

迴歸線的原理

　　為了方便大家理解，我們先觀察只有四組資料的情況。資料如下頁圖4-2-1所示。

圖4-2-1　四組資料的散佈圖

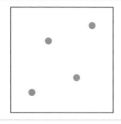

散佈圖上的四組資料都孤零零地分散在不同位置，希望能在上面畫出一條直線。

假設我們想在這張圖上畫一條能順利通過四個點的直線，如下圖4-2-2所示。

圖4-2-2　畫線

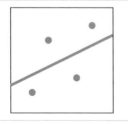

試著畫出一條直線。

然而，無論怎麼畫，這條直線還是會與實際的資料出現若干偏差，因為並非所有的資料都整齊地排列於直線之上。

因此，這裡需要思考直線與實際資料之間的「偏差」。請見下圖4-2-3，圖中的箭頭有上有下，因為偏差有正負之分，此稱為**殘差**。所謂殘差，就是可以用直線進行預測的資料剩餘部分。

圖4-2-3　殘差

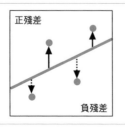

和直線的偏差稱為「殘差」，殘差有正有負。

好了，讓我們思考一條使殘差最小的直線，這條直線就稱為**迴歸線**。

這裡可以使用**最小平方法**來計算出迴歸線。最小平方法是計算殘差平方的總和，由此得出使殘差最小的直線。

圖4-2-4　迴歸線的計算方式

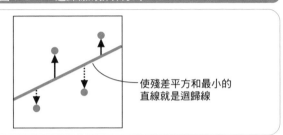

使殘差平方和最小的
直線就是迴歸線

請見下圖4-2-5。左圖是殘差平方和較小的直線；右圖是殘差平方和較大的直線。殘差的平方相當於以殘差為邊長的正方形面積，所以把較小的值集合在一起，合計值就會變小。圖4-2-5左右兩張圖的正方形，請讀者注意這兩者之間的大小。殘差平方和較小的左圖，正方形的面積比較小，這表示左圖的直線即為殘差較小的直線。

圖4-2-5　比較殘差的平方和

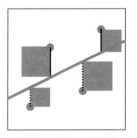

殘差平方和較小的直線

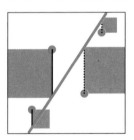

殘差平方和較大的直線

4-3 計算迴歸線

如何計算出這條直線

 我已經明白了迴歸線的原理，但我要怎麼計算出這條直線呢？

 小愛，妳覺得座標中的直線應該具備哪些條件呢？

 啊，我在國中時有學過。我想想，是「y截距」和「斜率」嗎？

 沒錯。用圖來表示，感覺就像這樣（圖4-3-1）。

圖4-3-1　y截距和斜率

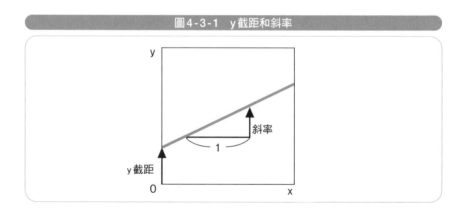

 這裡的y截距是指當x為零時的y值。斜率是指往x方向前進1個單位時，往y方向前進多少單位的值。這樣妳想起來了嗎？

 所以，我們只要透過最小平方法來決定直線的y截距和斜率，就能得到迴歸線吧。

就是這個意思。

 具體上要如何計算呢？

 這部分需要用到偏微分的知識。

 偏微分？我看到微積分就會一個頭兩個大，這是想逼死我嗎？

 別擔心，我會教妳計算公式，其實一點也不難喔。

迴歸線的計算公式

首先，迴歸線的斜率可以通過下列公式計算出來。

迴歸線的斜率＝相關係數×（y的標準差÷x的標準差）

圖4-3-2　迴歸線的斜率計算方式

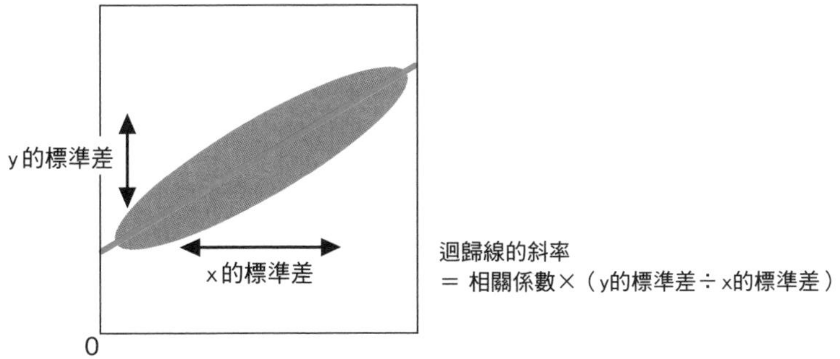

y的標準差

x的標準差

迴歸線的斜率
＝ 相關係數×（y的標準差÷x的標準差）

0

接著，y截距的計算公式如下。

y截距＝y的平均－（斜率×x的平均）

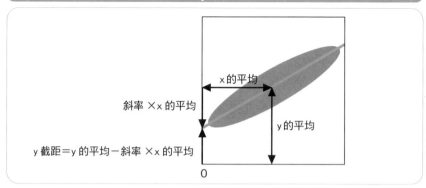

圖4-3-3　y截距的計算方式

x的平均

斜率 ×x 的平均

y的平均

y 截距＝y 的平均－斜率 ×x 的平均

0

●── 首先計算相關係數

下面就讓我們利用Excel來計算最高氣溫（x）與顧客人數（y）的迴歸線之斜率和y截距吧。首先必須計算出相關係數。

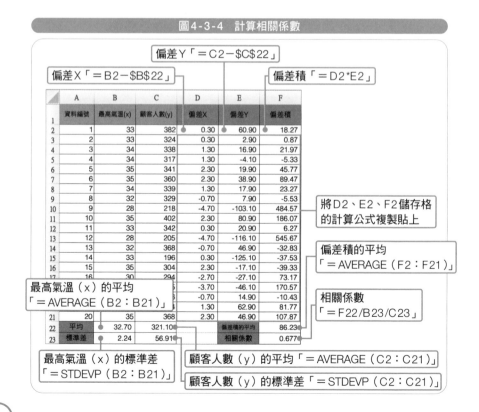

圖4-3-4　計算相關係數

偏差Y「＝C2－C22」

偏差X「＝B2－B22」

偏差積「＝D2*E2」

	A	B	C	D	E	F
1	資料編號	最高氣溫(x)	顧客人數(y)	偏差X	偏差Y	偏差積
2	1	33	382	0.30	60.90	18.27
3	2	33	324	0.30	2.90	0.87
4	3	34	338	1.30	16.90	21.97
5	4	34	317	1.30	-4.10	-5.33
6	5	35	341	2.30	19.90	45.77
7	6	35	360	2.30	38.90	89.47
8	7	34	339	1.30	17.90	23.27
9	8	32	329	-0.70	7.90	-5.53
10	9	28	218	-4.70	-103.10	484.57
11	10	35	402	2.30	80.90	186.07
12	11	33	342	0.30	20.90	6.27
13	12	28	205	-4.70	-116.10	545.67
14	13	32	368	-0.70	46.90	-32.83
15	14	33	196	0.30	-125.10	-37.53
16	15	35	304	2.30	-17.10	-39.33
17	16	30	294	-2.70	-27.10	73.17
				-3.70	-46.10	170.57
				-0.70	14.90	-10.43
				1.30	62.90	81.77
21	20	35	368	2.30	46.90	107.87
22	平均	32.70	321.10	偏差積的平均		86.23
23	標準差	2.24	56.91	相關係數		0.677

將D2、E2、F2儲存格的計算公式複製貼上

偏差積的平均「＝AVERAGE（F2：F21）」

相關係數「＝F22/B23/C23」

最高氣溫（x）的平均「＝AVERAGE（B2：B21）」

最高氣溫（x）的標準差「＝STDEVP（B2：B21）」

顧客人數（y）的平均「＝AVERAGE（C2：C21）」

顧客人數（y）的標準差「＝STDEVP（C2：C21）」

計算迴歸線的斜率和y截距

計算出相關係數之後,再計算迴歸線的斜率和y截距吧。

圖4-3-5 計算迴歸線的斜率和y截距

	A	B	C	D	E	F
1	資料編號	最高氣溫(x)	顧客人數(y)	偏差X	偏差Y	偏差積
2	1	33	382	0.30	60.90	18.27
3	2	33	324	0.30	2.90	0.87
4	3	34	338	1.30	16.90	21.97
5	4	34	317	1.30	-4.10	-5.33
6	5	35	341	2.30	19.90	45.77
7	6	35	360	2.30	38.90	89.47
8	7	34	339	1.30	17.90	23.27
9	8	32	329	-0.70	7.90	-5.53
10	9	28	218	-4.70	-103.10	484.57
11	10	35	402	2.30	80.90	186.07
12	11	33	342	0.30	20.90	6.27
13	12	28	205	-4.70	-116.10	545.67
14	13	32	368	-0.70	46.90	-32.83
15	14	33	196	0.30	-125.10	-37.53
16	15	35	304	2.30	-17.10	-39.33
17	16	30	294	-2.70	-27.10	73.17
18	17	29	275	-3.70	-46.10	170.57
19	18	32	336	-0.70	14.90	-10.43
20	19	34	384	1.30	62.90	81.77
21	20	35	368	2.30	46.90	107.87
22	平均	32.70	321.10		偏差積的平均	86.23
23	標準差	2.24	56.91		相關係數	0.677
24	斜率	17.21				
25	y截距	-241.72				

迴歸線的斜率=相關係數×(y的標準差÷x的標準差),
因此我們在B24儲存格中輸入「=F23*(C23/B23)」

y截距=y的平均-(斜率×x的平均),因此我們
在B25儲存格中輸入「=C22-(B24*B22)」

學姊,我計算出來了。斜率為17.21,y截距為-241.72。

小愛,妳能解釋這些代表什麼意思嗎?

我想想,斜率為17.21,表示最高氣溫每上升1度,顧客人數就會增加17.21人。

對,妳說得很好。

然後,y截距是-241.72,這表示……咦?怎麼是負數?

第**4**章 — 希望利用最高氣溫預測顧客人數 — 迴歸線

如果按照數字來解釋的話，就是當最高氣溫為0度時，顧客人數是－241.72人。

學姊，妳這樣說很奇怪欸，哪有顧客人數是負數的啦。

是啊，很奇怪吧。可是，計算迴歸線就有可能出現這種情況。最高氣溫為零度的時候，顧客人數大概是零人，若用負數來表示，這實在太不合邏輯了。像這樣計算出數值之後，仔細思考箇中含義是很重要的一件事。

原來如此。不是算出數值就以為沒事了對吧。

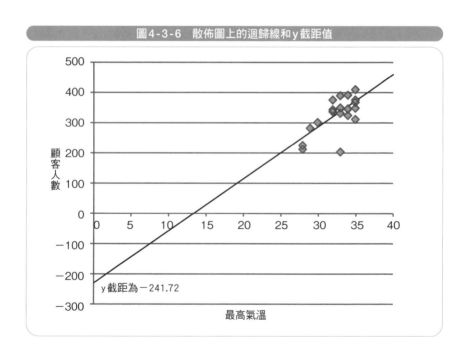

圖4-3-6　散佈圖上的迴歸線和y截距值

小愛順利地在散佈圖上畫出一條迴歸線，她立刻帶著這張圖向店長報告。

店長，我學會透過最高氣溫來預測顧客人數的方法了，這種時候要使用迴歸線。

迴鬼線？聽起來好可怕！

（呃，反應怎麼和我一樣！）不是啦，是迴歸線。只要利用迴歸線，我們就可以預測顧客人數了。

這真是不得了！

例如，當最高氣溫為29度時，我們可以通過下列公式來預測當天的顧客人數。

顧客人數＝斜率×x值＋y截距

斜率為17.21、y截距為－241.72，代入公式得到

17.21×29＋（－241.72）＝257.37

由此可知，當最高氣溫為29度時，顧客人數為257.37人。

喔，真是如此嗎？

從實際資料來看，第17筆資料在最高氣溫為29度時，顧客人數為275人，這兩個數字相當接近。

真的耶，迴歸線真是厲害。

●── 利用Excel畫出迴歸線

附帶一提，Excel可以幫助我們輕鬆地在散佈圖上畫出迴歸線。

① 選擇散佈圖，依序點擊【圖表設計】頁籤的［新增圖表項目］→［趨勢線］→［其他趨勢線選項］。

② 於「趨勢線選項」項目中選擇「線性」。

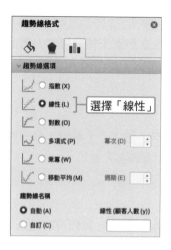

③ 如果只有指定「線性」的話，只會在資料的最大值和最小值之間
　畫線。要從資料的最大值向右側、最小值向左側延伸出去，就要
　指定「趨勢預測」的「正推」和「倒推」，指定在最大值的右側及
　最小值的左側分別要將線延伸出多少距離。

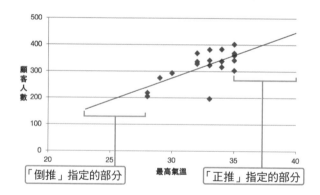

P O I N T

- ●與資料偏差（殘差）最小的地方所畫的直線，稱為「迴歸線」。
- ●迴歸線的斜率＝相關係數 × （y的標準差 ÷ x的標準差）
- ●迴歸線的y截距＝y的平均－（斜率 × x的平均）
- ●迴歸線可以用來推估資料。

相關關係和因果關係

　　相關是指兩個事件之間的關係。我們之所以調查相關關係，是因為想要瞭解兩個事件之間是否存在某種因果關係的緣故。舉例來說，本章調查的是一天的最高氣溫和冰淇淋店的顧客人數之間的相關性，其背景在於假設最高氣溫可能是決定顧客人數的原因。只要瞭解這樣的因果關係，就能成為我們預測未來的有用資訊。

　　如上所述，相關關係中包含了因果關係。然而，即使存在相關關係，也未必存在因果關係。舉例來說，假設我們握有某啤酒屋每天的生啤酒營業額資料，這個資料與冰淇淋店的顧客人數的資料之間，應該具有很強的相關性。然而，即便如此，認為生啤酒的營業額導致冰淇淋店顧客人數增加的邏輯也不會成立（反之亦然）。

　　生啤酒的營業額和冰淇淋店的顧客人數之間，之所以有強烈的相關性，是因為在這兩個變數中，一天最高氣溫這個變數同時發揮了作用。換句話說，「最高氣溫偏高，使得生啤酒的營業額增加」這個因果關係，和「最高氣溫偏高，使得冰淇淋店的顧客人數增加」這個因果關係同時成立，所以從表面上來看，才導致生啤酒的營業額和冰淇淋店的顧客人數具有強烈的相關性，此稱為偽相關。生啤酒的營業額與冰淇淋店的顧客人數之間並沒有直接的因果關係，因為縱使啤酒屋的啤酒機碰巧出現故障，進而導致生啤酒的營業額下降，也不致於影響冰淇淋店的顧客人數。

問題　下面的資料是針對19名大學生的入學考試分數和入學後的學業成績（GPA：滿分4分）進行的調查（與第2、3章的確認測驗資料相同）。

① 請根據入學考試的分數，來預測未來的學業成績。試求用來預測學業成績的迴歸線。

② 利用①的迴歸線，計算入學考試分數為400分、500分、600分、700分時的學業成績預測值。

學生	入學考試分數	學業成績
1	440	1.57
2	448	1.83
3	455	2.05
4	460	1.14
5	473	2.73
6	485	1.65
7	489	2.02
8	500	2.98
9	512	1.79
10	518	2.63
11	528	2.08
12	550	2.15
13	582	3.44
14	569	3.05
15	585	3.19
16	593	3.42
17	620	3.87
18	650	3.00
19	690	3.12

答案在 ➡ P.156

想瞭解最低氣溫和顧客人數的關係

偏相關

（本章學習的內容）

● 偏相關的原理
● 偏相關係數的計算方式

和最低氣溫相關嗎？

徹底學會迴歸線的小愛，自信心漸漸地提高了。她好像開始對各式各樣的資料產生興趣。

知道最高氣溫就能預測顧客人數，迴歸線真的好厲害啊。咦？店長，這個資料上面不僅有最高氣溫，也記載著當天的最低氣溫呢。

喔，是啊。因為氣象廳的觀測資料都會公布當天的最高氣溫和最低氣溫嘛。

這麼說的話，除了最高氣溫之外，如果也使用最低氣溫的資料，不就能預測得更準確了嗎？

表5-1-1 最高氣溫、最低氣溫與顧客人數的資料

資料編號	最高氣溫	最低氣溫	顧客人數	資料編號	最高氣溫	最低氣溫	顧客人數
1	33	22	382	11	33	26	342
2	33	26	324	12	28	25	205
3	34	27	338	13	32	23	368
4	34	28	317	14	33	22	196
5	35	28	341	15	35	21	304
6	35	27	360	16	30	23	294
7	34	28	339	17	29	23	275
8	32	25	329	18	32	25	336
9	28	24	218	19	34	26	384
10	35	24	402	20	35	27	368

 這個想法不錯。比起用一種資料進行預測,使用兩種資料預測說不定會更加準確。

 那麼,我先製作相關圖來看看吧。

圖5-1-2 最低氣溫與顧客人數的關係

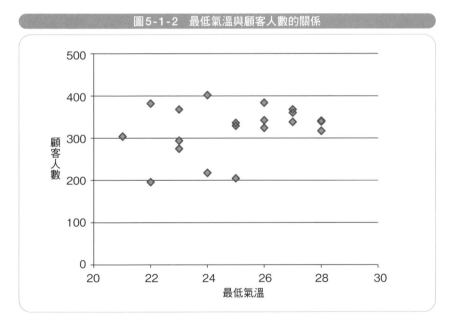

咦,怪了,怎麼比想像中還要分散呢?照這樣看來,相關係數似乎不會很大。

圖5-1-3　最低氣溫與顧客人數的相關係數

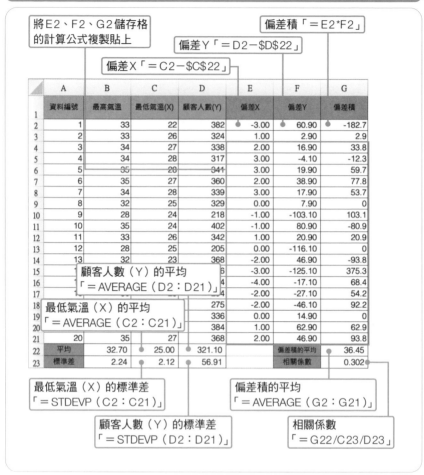

將E2、F2、G2儲存格的計算公式複製貼上

偏差積「＝E2*F2」

偏差Y「＝D2－D22」

偏差X「＝C2－C22」

	A	B	C	D	E	F	G
1	資料編號	最高氣溫	最低氣溫(X)	顧客人數(Y)	偏差X	偏差Y	偏差積
2	1	33	22	382	-3.00	60.90	-182.7
3	2	33	26	324	1.00	2.90	2.9
4	3	34	27	338	2.00	16.90	33.8
5	4	34	28	317	3.00	-4.10	-12.3
6	5	35	28	341	3.00	19.90	59.7
7	6	35	27	360	2.00	38.90	77.8
8	7	34	28	339	3.00	17.90	53.7
9	8	32	25	329	0.00	7.90	0
10	9	28	24	218	-1.00	-103.10	103.1
11	10	35	24	402	-1.00	80.90	-80.9
12	11	33	26	342	1.00	20.90	20.9
13	12	28	25	205	0.00	-116.10	0
14	13	32	23	368	-2.00	46.90	-93.8
15					-3.00	-125.10	375.3
16					-4.00	-17.10	68.4
17					-2.00	-27.10	54.2
18				275	-2.00	-46.10	92.2
19				336	0.00	14.90	0
20				384	1.00	62.90	62.9
21	20	35	27	368	2.00	46.90	93.8
22	平均	32.70	25.00	321.10		偏差積的平均	36.45
23	標準差	2.24	2.12	56.91		相關係數	0.302

顧客人數（Y）的平均
「＝AVERAGE（D2：D21）」

最低氣溫（X）的平均
「＝AVERAGE（C2：C21）」

最低氣溫（X）的標準差
「＝STDEVP（C2：C21）」

顧客人數（Y）的標準差
「＝STDEVP（D2：D21）」

偏差積的平均
「＝AVERAGE（G2：G21）」

相關係數
「＝G22/C23/D23」

 呼，好不容易計算完成了，相關係數是0.302，果然和料想的一樣，數字並不大。不過，光憑相關係數仍無法判斷，所以還得進行無相關檢定。

根據表5-1-4，當樣本數為20的時候，5%顯著水準的臨界值為0.444。也就是說，0.302不能算是顯著相關。

 小愛，結果如何？

表 5-1-4　不同樣本數的臨界值

樣本數	5%顯著水準	1%顯著水準
11	0.602	0.735
12	0.576	0.708
13	0.553	0.684
14	0.532	0.661
15	0.514	0.641
16	0.497	0.623
17	0.482	0.606
18	0.468	0.590
19	0.456	0.575
20	0.444	0.561

摘自南風原朝和《心理統計學的基礎》(有斐閣出版)

 最低氣溫和顧客人數的相關係數是 0.302，在 5％的顯著水準下，算不上顯著相關。

 所以，最低氣溫和顧客人數一點關係也沒有嗎？明明最高氣溫和顧客人數相關，卻和最低氣溫無關，這也太不公平了吧？最低氣溫還真是可憐！明明是同樣的資料。

 店長，我覺得這不是可不可憐的問題啦。

 不～我完全無法接受！

什麼是偏的相關？

小愛對於店長這種難以捉摸的任性而感到困擾，於是又去找上原學姊商量。

 其實還有最低氣溫的資料，我覺得如果把這些資料也加進來，預測應該會更加準確才是。

 原來如此，這種做法的確可以期待。

 可是，最低氣溫和顧客人數的相關係數並不高，只有0.302，沒有顯著的相關性。所以，當我說最低氣溫的資料派不上用場時，店長的反應竟然是「那太可憐了」。

 喔。我說小愛，雖然資料的相關性不高，但也不能因此斷定對預測沒有幫助喔。相反地，即使有很強的相關性，也不能一口咬定能對預測帶來幫助。尤其是像這次這種具備最高氣溫、最低氣溫、顧客人數等3個以上變數（資料種類）的例子。

 咦！這是什麼意思？

 如果要理解這些內容，就必須學會「偏相關」。

 偏相關？偏心的相關嗎？

 妳別說這種中年大叔才會開的玩笑啦。讓我來介紹一下什麼是「偏相關」。

這次的資料經過整理後，如圖5-2-1所示。數字為相關係數。

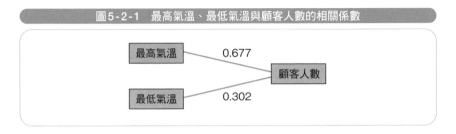

圖5-2-1　最高氣溫、最低氣溫與顧客人數的相關係數

其實這張圖還可以計算出另一個相關係數，那就是最高氣溫和最低氣溫的相關係數。這裡將兩者的相關係數0.358填入圖5-2-2當中。

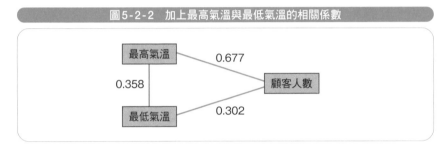

圖5-2-2　加上最高氣溫與最低氣溫的相關係數

一天的最高氣溫愈高，最低氣溫就會隨之降低；反之，最高氣溫愈低，最低氣溫就會隨之降低。因此，最高氣溫和最低氣溫呈正相關是再自然不過的一件事。

換句話說，顧客人數會受到最高氣溫的影響，最低氣溫也會受到最高氣溫的影響。

這時不妨試著從下面的角度來思考。

「顧客人數和最低氣溫都會受到最高氣溫的影響，那麼何不試著排除它的影響呢？」

我們將這個想法畫成下頁的圖5-2-3。

圖5-2-3　排除最高氣溫影響的偏相關係數

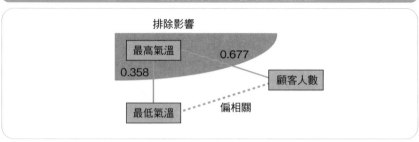

從最低氣溫與顧客人數的關係中排除最高氣溫的影響，就稱為**偏相關**，其值稱為**偏相關係數**。

● 計算偏相關係數

瞭解偏相關的意義後，下面開始計算偏相關係數。

偏相關係數可以透過下面的公式計算出來。這裡用a來表示最高氣溫，b表示最低氣溫，y表示顧客人數。此外，它們之間的相關係數分別設為r_{ab}、r_{ay}、r_{by}。

圖5-2-4　偏相關係數的計算公式

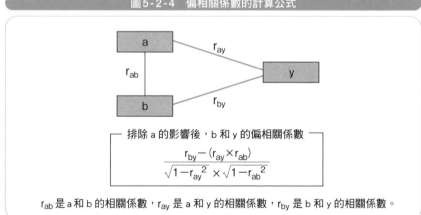

使用Excel進行計算，結果如下頁圖5-2-5所示。

圖5-2-5 最低氣溫與顧客人數的偏相關係數

	A	B	C	D	E	F	G	H	I	J
1	資料編號	最高氣溫(a)	最低氣溫(b)	顧客人數(y)	偏差a	偏差b	偏差y	偏差積ab	偏差積ay	偏差積by
2	1	33	22	382	0.30	-3.00	60.90	-0.90	18.27	-182.7
3	2	33	26	324	0.30	1.00	2.90	0.30	0.87	2.9
4	3	34	27	338	1.30	2.00	16.90	2.60	21.97	33.8
5	4	34	28	317	1.30	3.00	-4.10	3.90	-5.33	-12.3
6	5	35	28	341	2.30	3.00	19.90	6.90	45.77	59.7
7	6	35	27	360	2.30	2.00	38.90	4.60	89.47	77.8
8	7	34	28	339	1.30	3.00	17.90	3.90	23.27	53.7
9	8	32	25	329	-0.70	0.00	7.90	0.00	-5.53	0
10	9	28	24	218	-4.70	-1.00	-103.10	4.70	484.57	103.1
11	10	35	24	402	2.30	-1.00	80.90	-2.30	186.07	-80.9
12	11	33	26	342	0.30	1.00	20.90	0.30	6.27	20.9
13	12	28	25	205	-4.70	0.00	-116.10	0.00	545.67	0
14	13	32	23	368	-0.70	-2.00	46.90	1.40	-32.83	-93.8
15	14	33	22	196	0.30	-3.00	-125.10	-0.90	-37.53	375.3
16	15	35	21	304	2.30	-4.00	-17.10	-9.20	-39.33	68.4
17	16	30	23	294	-2.70	-2.00	-27.10	5.40	73.17	54.2
18	17	29	23	275	-3.70	-2.00	-46.10	7.40	170.57	92.2
19	18	32	25	336	-0.70	0.00	14.90	0.00	-10.43	0
20	19	34	26	384	1.30	1.00	62.90	1.30	81.77	62.9
21	20	35	27	368	2.30	2.00	46.90	4.60	107.87	93.8
22	平均	32.70	25.00	321.10			偏差積的平均	1.70	86.23	36.45
23	標準差	2.24	2.12	56.91			相關係數	0.358	0.677	0.302
24							偏相關係數(by)			0.087

在 J24 儲存格中輸入求 b 和 y 的偏相關係數公式＝
（J23－（I23*H23））／（SQRT（1－I23^2）*SQRT
（1－H23^2））。「*」代表乘法，「/」代表除法，「^2」
代表平方，「SQRT」代表平方根。

從計算結果來看，排除最高氣溫（a）的影響後，最低氣溫（b）與顧客人數（y）的偏相關係數為0.087。咦？這麼小的數字？一開始的相關係數明明還有0.302，但在排除最高氣溫的影響之後，居然會變得那麼小……。

圖5-2-6 最低氣溫與顧客人數的偏相關係數

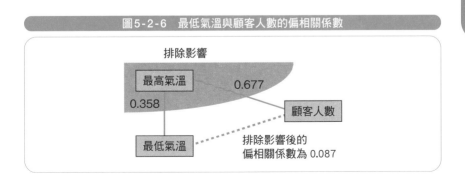

偏相關係數的解釋

　　偏相關係數是用來表示排除最高氣溫的影響後，最低氣溫與顧客人數的關係。原本的相關係數為0.302，但最低氣溫和顧客人數的偏相關係數卻變成了0.087，這說明兩者之間幾乎不存在相關關係。

　　原本的相關係數不具有顯著性，但至少也有0.302，在排除最高氣溫的影響後，計算出來的偏相關係數卻變成0.087。這個數字可以用下面的方式來解釋。

　　從表面上看，最低氣溫看似對顧客人數產生影響，但實際上對顧客人數產生影響的其實是最高氣溫。最低氣溫與最高氣溫存在相關性，所以結果導致最低氣溫與顧客人數看起來似乎也有關聯。排除最高氣溫的影響，計算最低氣溫與顧客人數的偏相關，得到的結果接近於零，這就是此結論的依據。

 原來如此，這麼一想，就可以解釋為什麼偏相關係數會接近於零了。

 是啊。最低氣溫和顧客人數的相關，也可以認為是偽相關。

 偏相關係數雖然有種不可思議的感覺，但也十分有趣呢。

5-3 另一種偏相關係數

假若排除最低氣溫的影響？

 上原學姊，剛才計算的偏相關係數是排除了最高氣溫的影響對吧？這表示我也可以從排除最低氣溫影響的角度來計算偏相關係數。

 是啊。用圖來表示，感覺就像這樣（圖5-3-1）。那麼妳就試著計算最高氣溫和顧客人數的偏相關係數吧。

圖5-3-1 最高氣溫與顧客人數的偏相關係數

圖5-3-2 利用Excel計算偏相關係數的方法

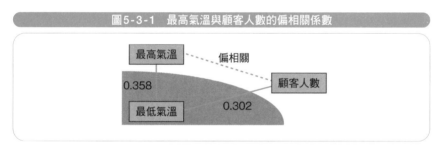

	A	B	C	D	E	F	G	H	I	J
1	資料編號	最高氣溫(a)	最低氣溫(b)	顧客人數(y)	偏差a	偏差b	偏差y	偏差積ab	偏差積ay	偏差積by
2	1	33	22	382	0.30	-3.00	60.90	-0.90	18.27	-182.7
3	2	33	26	324	0.30	1.00	2.90	0.30	0.87	2.9
4	3	34	27	338	1.30	2.00	16.90	2.60	21.97	33.8
5	4	34	28	317	1.30	3.00	-4.10	3.90	-5.33	-12.3
6	5	35	28	341	2.30	3.00	19.90	6.90	45.77	59.7
7	6	35	27	360	2.30	2.00	38.90	4.60	89.47	77.8
8	7	34	28	339	1.30	3.00	17.90	3.90	23.27	53.7
9	8	32	25	329	-0.70	0.00	7.90	0.00	-5.53	0
10	9	28	24	218	-4.70	-1.00	-103.10	4.70	484.57	103.1
11	10	35	24	402	2.30	-1.00	80.90	-2.30	186.07	-80.9
12	11	33	26	342	0.30	0.30	20.90	0.30	6.27	20.9
13							-116.10	0.00	545.67	0
14							46.90	1.40	-32.83	-93.8
15							-125.10	-0.90	-37.53	375.3
16							-17.10	-9.20	-39.33	68.4
17							-27.10	5.40	73.17	54.2
18							-46.10	7.40	170.57	92.2
19	18	32	25	336	-0.70	0.00	14.90	0.00	-10.43	0
20	19	34	26	384	1.30	1.00	62.90	1.30	81.77	62.9
21	20	35	27	368	2.30	2.00	46.90	4.60	107.87	93.8
22	平均	32.70	25.00	321.10	偏差積的平均			1.70	86.23	36.45
23	標準差	2.24	2.12	56.91	相關係數			0.358	0.677	0.302
24					偏相關係數(by)					0.087
25					偏相關係數(ay)				0.639	

在I25儲存格中輸入求a和y的偏相關係數公式＝（I23－（J23*H23））／（SQRT（1－J23^2）*SQRT（1－H23^2））。

5-4 回頭檢視偏相關

再一次從其他角度確認偏相關

偏相關固然重要，卻是非常不容易理解的觀念，所以本節再從其他的角度說明一下。

首先，我們從上一章介紹、計算最高氣溫與顧客人數的迴歸線開始說起（圖5-4-1）。

圖5-4-1 最高氣溫與顧客人數的迴歸線

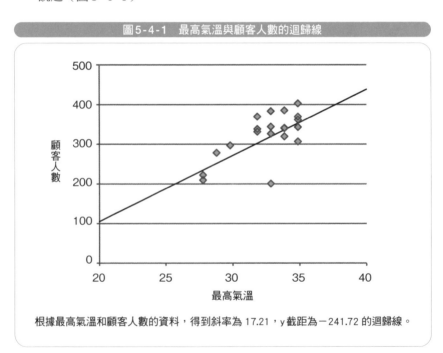

根據最高氣溫和顧客人數的資料，得到斜率為17.21，y截距為－241.72的迴歸。

我們將資料分解為可以完全用迴歸線預測的部分，以及殘餘的部分（殘差）。將其繪製成圖，如下頁的圖5-4-2所示。

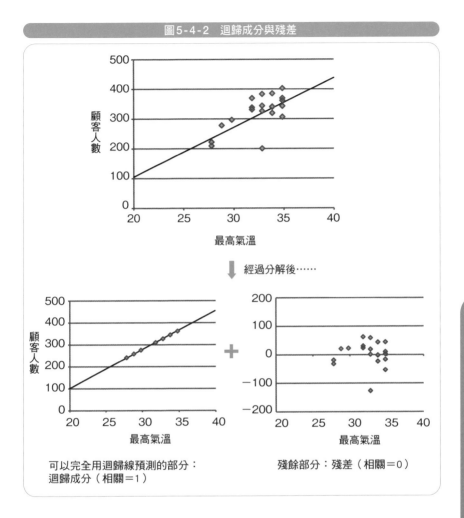

圖5-4-2　迴歸成分與殘差

經過分解後……

可以完全用迴歸線預測的部分：
迴歸成分（相關＝1）

殘餘部分：殘差（相關＝0）

用更簡單的方式來表示，如下所示。

　最高氣溫與顧客人數的散佈圖
＝迴歸成分（相關1）＋殘差（相關0）

同樣地，最高氣溫和最低氣溫的關係也可以分解為下頁的圖5-4-3。

第**5**章
｜
想瞭解最低氣溫和顧客人數的關係
｜
偏相關

圖5-4-3　最高氣溫與最低氣溫的關係

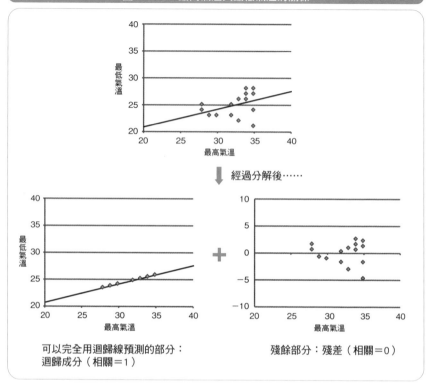

可以完全用迴歸線預測的部分：
迴歸成分（相關＝1）

殘餘部分：殘差（相關＝0）

換言之，可以用下列的方式來表示。

　　最高氣溫與最低氣溫的散佈圖
＝迴歸成分（相關1）＋殘差（相關0）

那麼，重點來了。

「排除最高氣溫的影響後，最低氣溫與顧客人數的偏相關係數」代表
什麼呢？

這是前述兩個公式中的「殘差之間的相關」。也就是說：

　　最高氣溫與顧客人數的散佈圖
＝迴歸成分（相關1）＋殘差（相關0）
　　最高氣溫與最低氣溫的散佈圖
＝迴歸成分（相關1）＋殘差（相關0）

這兩個殘差之間的相關，就是**偏相關係數**。

以圖表來說，就是下列兩張圖的相關關係。

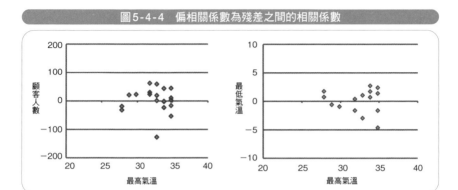

圖 5-4-4　偏相關係數為殘差之間的相關係數

實際試著描繪殘差之間的散佈圖，如下所示。

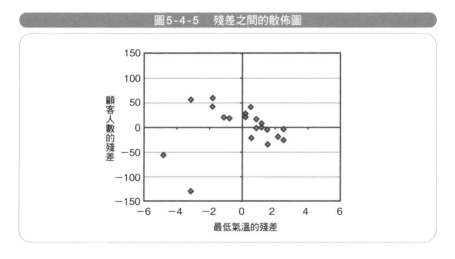

圖 5-4-5　殘差之間的散佈圖

在圖 5-4-5 中，殘差之間的相關係數，就是先前計算得到的 0.087。

前面提到的「排除最高氣溫的影響」，其實就相當於排除這兩個迴歸成分（相關 1）。這樣一來，剩下的就只有殘差了，所以計算出殘差之間的相關係數，就是偏相關係數。

以上就是對偏相關係數的另一種解釋。

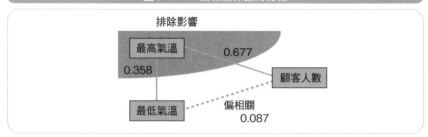

圖5-4-6　偏相關係數的總結

總算弄清楚偏相關的小愛，回去店裡向店長報告。

 店長，我全都弄清楚了。從排除最高氣溫影響後的偏相關來看，可以得知最低氣溫和顧客人數幾乎不存在相關性。

 那是什麼？偏心的相關？

 （呃，怎麼又做出和我一樣的反應？討厭啦，難道我是中年大叔嗎？）不是啦店長，是「偏相關」，請您看一下圖5-4-6。排除最高氣溫的影響後，得到偏相關係數為0.087，也就是說，一旦排除最高氣溫的影響，最低氣溫和顧客人數的偏相關係數幾乎為零。

 啊啊，最低氣溫的命運果然還是如此坎坷啊。話說回來，偏相關這玩意兒還真是厲害！

P O I N T

● 當存在a、b、y三個變數時，從變數b和變數y的相關中排除變數a的影響後，這樣的關係稱為「偏相關」，其值稱為「偏相關係數」。

● 排除變數a的影響後，b和y的偏相關係數計算公式如下。

$$\frac{r_{by} - (r_{ay} \times r_{ab})}{\sqrt{1 - r_{ay}^2} \times \sqrt{1 - r_{ab}^2}}$$

● 換句話說，偏相關是與第3變數的殘差之間的相關。

透過偏相關，
準確掌握相關關係

學會「偏相關」這個觀念後，我們就能瞭解，即使有強烈的相關性，也不代表該變數必定具有很大的影響力。舉例來說，縱使生啤酒和冰淇淋的營業額具有很強烈的相關性，也不能就此斷言生啤酒的營業額會影響到冰淇淋的營業額（反之亦然）。

正如第4章的專欄所述，這樣的相關只不過是「偽相關」；在這個例子中，影響生啤酒和冰淇淋營業額的變數，其實是當天的最高氣溫。

為了從生啤酒營業額和冰淇淋營業額的相關係數中排除最高氣溫的影響，我們可以利用本章介紹的偏相關係數來計算。如果生啤酒營業額與冰淇淋營業額之間的關係是偽相關的話，那麼在排除最高氣溫的影響後，生啤酒營業額與冰淇淋營業額之間的偏相關係數就會變得非常小。因此，我們只要計算偏相關係數並對其進行研究即可。

像這樣的情況屢見不鮮。例如，有個小學三年級學生50公尺賽跑時間和握力的測試，假設這兩個變數之間的相關係數非常大，在這種情況下，我們不能立刻做出跑步能力對握力產生影響（或相反）的結論，因為還有可能存在影響跑步能力和握力的第三個變數。這第三個變數有可能是小學三年級學生的身體發育程度。這個時候，我們可以根據身高和體重的資料，來定義身體發育的程度；只要排除第三個變數的影響，計算出偏相關係數，如此就能更準確地瞭解跑步能力和握力之間的關係。

確認測驗

問題
下面的資料，是針對19名大學生的高中平均成績（滿分為10分）、入學考試分數、入學後的學業成績（GPA：滿分4分）進行的調查（在第2、3、4章的確認測驗資料追加高中平均成績）。

① 請計算三種資料所有組合的相關係數。

② 排除高中平均成績的影響後，計算入學考試分數和入學後學業成績的偏相關係數。

③ 請用文章寫出我們能夠根據②的偏相關係數做出何種解釋。

學生	入學考試分數	學業成績	高中平均成績
1	440	1.57	5.7
2	448	1.83	6.8
3	455	2.05	6.2
4	460	1.14	5.5
5	473	2.73	6.0
6	485	1.65	7.3
7	489	2.02	7.6
8	500	2.98	7.3
9	512	1.79	5.6
10	518	2.63	7.6
11	528	2.08	6.5
12	550	2.15	7.8
13	582	3.44	6.8
14	569	3.05	7.5
15	585	3.19	8.2
16	593	3.42	7.8
17	620	3.87	7.5
18	650	3.00	7.2
19	690	3.12	8.8

答案在➡ P.156

第 6 章

希望從最高和最低氣溫來預測顧客人數

複迴歸

本章學習的內容

- 偏迴歸係數的計算方式
- 標準化偏迴歸係數的計算方式
- 複迴歸模型
- 複相關係數的計算方式

6-1 偏迴歸係數

不能根據兩種資料來預測顧客人數嗎？

小愛利用偏相關排除最高氣溫的影響後，對最低氣溫與顧客人數的關係進行調查（第5章）。根據計算的結果，她終於瞭解「排除最高氣溫的影響後，最低氣溫和顧客人數幾乎不存在相關性」；然而，店長似乎對這個結果不甚滿意。

小愛問妳喔，雖然我已經知道「排除最高氣溫的影響後，最低氣溫和顧客人數幾乎不存在相關性」，但難得手上有最高氣溫和最低氣溫兩種資料，難道就沒有辦法同時運用這兩種資料來預測顧客人數嗎？

您說根據兩種資料嗎……。

對啊，之前利用最高氣溫預測顧客人數的時候，妳不是有用過迴鬼線嗎？（第4章）

 不是啦，那個叫迴歸線（又來了！）。

 就是那個！我在想，偏相關也能畫出像是迴歸線的東西嗎？

 原來如此。店長，這主意聽起來不錯，但是具體該怎麼做呢？

● 偏迴歸係數

遇到困難的時候，果然還是得找上原學姊幫忙。

 上原學姊，偏相關也能畫出類似迴歸線的東西嗎？ 如果有的話，可以用偏相關來預測顧客人數嗎？

 哎呀小愛，沒料到妳居然能想到這一點，其實是可以的喔。

偏相關也能夠畫出迴歸線。例如，排除最高氣溫的影響後，最低氣溫與顧客人數的殘差散佈圖就如圖6-1-1所示。

圖6-1-1　殘差之間的散佈圖

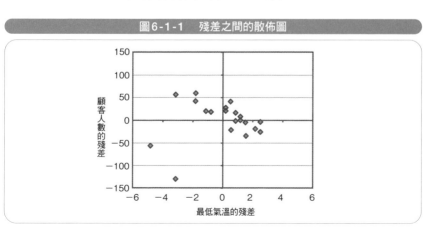

第**6**章　｜　複迴歸　希望從最高和最低氣溫來預測顧客人數

若想得到偏相關的迴歸線，我們只需根據這張散佈圖計算出迴歸線即可。不過，就算沒有根據每個殘差計算迴歸線，也可以利用圖6-1-2的公式，來求出迴歸線的斜率，此稱為**偏迴歸係數**。偏迴歸係數即為偏迴歸線的斜率。

圖6-1-2　偏迴歸係數的計算公式

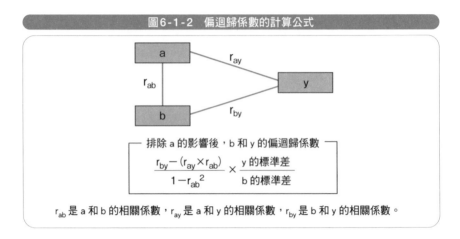

r_{ab}是a和b的相關係數，r_{ay}是a和y的相關係數，r_{by}是b和y的相關係數。

　　那麼，讓我們實際計算一下偏迴歸係數吧。

圖6-1-3　偏迴歸係數的計算

	A	B
1	a-y的相關係數 （最高氣溫－顧客人數）	0.677
2	b-y的相關係數 （最低氣溫－顧客人數）	0.302
3	a-b的相關係數 （最高氣溫－最低氣溫）	0.358
4	a（最高氣溫）的標準差	2.238
5	b（最低氣溫）的標準差	2.121
6	y（顧客人數）的標準差	56.913
7	排除a、b-y的偏迴歸係數 （排除最高氣溫，最低氣溫與顧客人數的偏迴歸係數）	1.833

在B7儲存格中輸入b和y的偏迴歸係數計算公式「＝（B2－B1*B3)/（1－B3^2)*（B6/B5)」。「*」代表乘法，「/」代表除法，「^2」代表平方。

※註：相關係數和標準差雖然只顯示到小數點以下第三位，但實際上是依最大精度來計算。

偏迴歸係數為1.833，是一條往右上傾斜的直線。

應該是這樣沒錯。

學姊，不需要計算y截距嗎？可是計算迴歸線的時候不是會用到嗎……。

偏迴歸沒有必要非得計算出y截距。這是因為殘差平均是0，所以y截距都會是0。

在殘差的散佈圖上畫一條迴歸線，如圖6-1-4所示。

圖6-1-4　最低氣溫的殘差與顧客人數殘差的相關（偏相關）

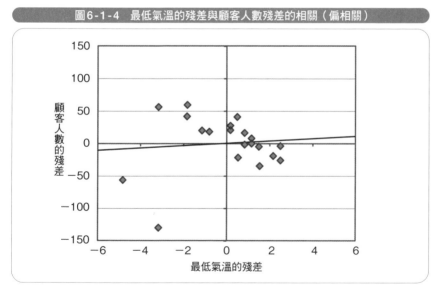

在圖6-1-4中，縱軸和橫軸的平均皆為0，但標準差卻各有不同。因此，我們試著以標準差1將其統一。

此時的偏迴歸係數稱為**標準化偏迴歸係數**。標準化偏迴歸係數的計算方法只會用到偏迴歸係數公式的前半部分（圖6-1-5）。

圖6-1-5　標準化偏迴歸係數的計算公式

$$\frac{r_{by} - (r_{ay} \times r_{ab})}{1 - r_{ab}^2}$$

b和y的標準化偏迴歸係數

 算出來的標準化偏迴歸係數是多少呢？

 我看看，這個數值還真小，只有0.068。這樣代表什麼意思呢？

 偏迴歸係數是用來表示該變數對於想要預測的變數有多少程度的影響。

 學姊，偏迴歸係數是1.833。

 這個例子的最高氣溫和最低氣溫，單位同樣都是氣溫；如果是以最高氣溫和平均濕度兩個變數來預測顧客人數的話，由於這兩個變數的單位不同，因此無法直接比較影響的程度有多少。

 啊，確實，氣溫和濕度不能直接拿來比較。

 所以，我們要將這兩個變數的標準差都統一為1。這樣的話，即使變數的單位不同，也能比較其中的影響程度。

 我懂了，原來這就是計算標準化偏迴歸係數的意義啊。

6-2 用兩個變數預測的簡單線性迴歸模型

希望只用兩個變數來預測！

 學姊，我已經知道偏迴歸係數和標準化偏迴歸係數的計算方法了。可是，我最初的目的，是希望通過最高氣溫和最低氣溫這兩種資料，來預測顧客人數。

 我明白了，妳是希望利用兩種資料，也就是利用兩個變數來預測另一個變數吧。

 是的，那才是我的主要目的！

 哎呀，妳真是充滿幹勁呢。沒問題！只要使用複迴歸模型就能辦到。

大家還記得第 4 章學到的迴歸線嗎？這是在最高氣溫和顧客人數的散佈圖中畫出一條迴歸線，以此預測顧客人數。

這種根據迴歸線進行的預測，稱為**簡單線性迴歸模型**，所謂「簡單」，是只有一個自變數的意思；換言之，簡單線性迴歸就是利用一個變數，根據迴歸線來進行預測。此時，用於預測的變數稱為**解釋變數**，被預測的變數稱為**反應變數**。

相對於簡單線性迴歸模型，**複迴歸模型**可以使用兩個以上的變數來預測一個變數。像這次的例子一樣，用最高氣溫和最低氣溫這兩個變數來預測顧客人數的時候，複迴歸模型正好能夠派上用場。複迴歸模型也是一樣，用於預測的變數稱為解釋變數，被預測的變數稱為反應變數。

第 **6** 章 ｜ 希望從最高和最低氣溫來預測顧客人數 — 複迴歸

複迴歸模型的計算方式

根據最高氣溫來預測顧客人數的簡單線性迴歸模型，使用的是下列公式。

顧客人數的預測值
＝迴歸線的y截距＋迴歸線的斜率×最高氣溫

相較之下，利用最高氣溫和最低氣溫這兩個變數，來預測顧客人數的複迴歸模型，可以用下面的式子來思考。

顧客人數的預測值
＝常數m＋常數p×最高氣溫＋常數q×最低氣溫

常數m相當於簡單線性迴歸模型的y截距，常數p和常數q相當於迴歸線的斜率。換句話說，將p倍的最高氣溫和q倍的最低氣溫相加，再加上常數m，就可以得到顧客人數的預測值。

不過，這裡的p、q、m要如何計算呢？

就是利用之前學過的最小平方法（第4章）來計算。

原來如此，計算顧客人數的預測值和實際顧客人數的偏差，使其平方後的總和達到最小，就可以計算出p、q、m了。

對，就是這樣，小愛妳真聰明。

可是，這些該如何計算呢？

其實，常數m、p、q可以利用下面的公式計算出來。
顧客人數的預測值＝常數m＋常數p×最高氣溫＋常數q×最低氣溫

常數 p＝顧客人數與最高氣溫的偏迴歸係數

常數 q＝顧客人數與最低氣溫的偏迴歸係數

常數 m＝顧客人數平均－p×最高氣溫的平均－q×最低氣溫的平均

圖6-2-1　偏迴歸係數的計算公式

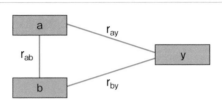

排除 a 的影響後，b 和 y 的偏迴歸係數

$$\frac{r_{by} - (r_{ay} \times r_{ab})}{1 - r_{ab}^2} \times \frac{y\ 的標準差}{b\ 的標準差}$$

排除 b 的影響後，a 和 y 的偏迴歸係數

$$\frac{r_{ay} - (r_{by} \times r_{ab})}{1 - r_{ab}^2} \times \frac{y\ 的標準差}{a\ 的標準差}$$

r_{ab} 是 a 和 b 的相關係數，r_{ay} 是 a 和 y 的相關係數，r_{by} 是 b 和 y 的相關係數。

圖6-2-2　常數 p、q、m 的計算

	A	B
1	a-y的相關係數（最高氣溫－顧客人數）	0.677
2	b-y的相關係數（最低氣溫－顧客人數）	0.302
3	a-b的相關係數（最高氣溫－最低氣溫）	0.358
4	a（最高氣溫）的標準差	2.238
5	b（最低氣溫）的標準差	2.121
6	y（顧客人數）的標準差	56.913
7	a（最高氣溫）的平均	32.700
8	b（最低氣溫）的平均	25.000
9	y（顧客人數）的平均	321.100
10	排除a，b-y的偏迴歸係數（常數q）（排除最高氣溫，最低氣溫與顧客人數的偏迴歸係數）	1.833
11	排除b，a-y的偏迴歸係數（常數p）（排除最低氣溫，最高氣溫與顧客人數的偏迴歸係數）	16.590
12	常數m	-267.202

在 B11 儲存格中輸入 b 和 y 的偏迴歸係數計算公式「＝（B1－B2*B3）/（1－B3^2）*（B6/B4）」。

在 B12 儲存格中輸入常數 m 的計算公式「＝B9－B11*B7－B10*B8」。

最終得到p＝16.590、q＝1.833、m＝－267.202。

 有了這些數值後要如何計算呢？

 呃。顧客人數的預測值，是用最高氣溫乘以16.59，加上最低氣溫乘以1.83，再加上－267.2（即減去267.2）計算出來。

 沒錯，就是這樣。

 我明白了。前面計算最低氣溫和顧客人數的偏相關係數時，我被那麼小的數字嚇了一大跳，但這裡的常數q也遠比常數p要小了許多。這表示，與最高氣溫相比，最低氣溫並沒有吸引更多顧客的效果。

6-3 利用複迴歸模型來計算顧客人數

● 預測的顧客人數有多少？

小愛回到店裡，向店長報告複迴歸模型的預測結果。

 店長，我知道了。只要使用複迴歸模型，就可以根據最高氣溫和最低氣溫這兩種變數來預測顧客人數。

 喔，真的嗎？所以要怎麼預測？

 根據複迴歸模型，顧客人數的預測值是由最高氣溫乘以16.59，加上最低氣溫乘以1.83，再加上－267.2計算出來的。

 ……我還是聽不太懂妳的意思。妳現在可以利用最高氣溫和最低氣溫的資料，實際計算出顧客人數的預測值給我看看嗎？

 好的，當然沒問題。請您看看下頁的圖6-3-1。

在上一節計算的顧客人數預測值，公式如下。

顧客人數的預測值＝ 16.59 × 最高氣溫＋ 1.83 × 最低氣溫－267.2

我們只要將每天的最高氣溫和最低氣溫代入這個公式，就能得到當天顧客人數的預測值。

在Excel中，這個計算方法如下頁的圖6-3-1所示。

圖6-3-1　根據複迴歸模型來預測顧客人數

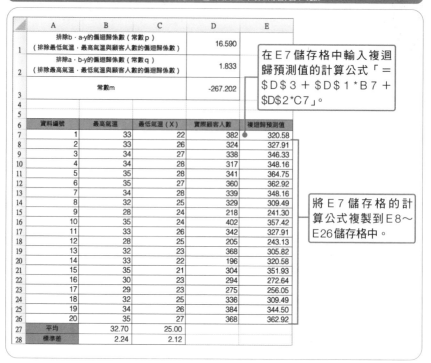

	A	B	C	D	E
1	排除b，a-y的偏迴歸係數（常數p） （排除最低氣溫，最高氣溫與顧客人數的偏迴歸係數）			16.590	
2	排除a，b-y的偏迴歸係數（常數q） （排除最高氣溫，最低氣溫與顧客人數的偏迴歸係數）			1.833	
3	常數m			-267.202	
4					
5					
6	資料編號	最高氣溫	最低氣溫（X）	實際顧客人數	複迴歸預測值
7	1	33	22	382	320.58
8	2	33	26	324	327.91
9	3	34	27	338	346.33
10	4	34	28	317	348.16
11	5	35	28	341	364.75
12	6	35	27	360	362.92
13	7	34	28	339	348.16
14	8	32	25	329	309.49
15	9	28	24	218	241.30
16	10	35	24	402	357.42
17	11	33	26	342	327.91
18	12	28	25	205	243.13
19	13	32	23	368	305.82
20	14	33	22	196	320.58
21	15	35	21	304	351.93
22	16	30	23	294	272.64
23	17	29	23	275	256.05
24	18	32	25	336	309.49
25	19	34	26	384	344.50
26	20	35	27	368	362.92
27	平均	32.70	25.00		
28	標準差	2.24	2.12		

在 E 7 儲存格中輸入複迴歸預測值的計算公式「＝D3＋D1*B7＋D2*C7」。

將 E 7 儲存格的計算公式複製到 E8～E26 儲存格中。

6-4 複相關係數

● 信賴度有多少？

 我已經知道複迴歸模型可以確實計算出顧客人數的預測值了。不過，透過複迴歸模型得到的預測值果真正確嗎？

 嗯，不好說呢。對了！只要觀察複迴歸模型的預測值與實際顧客人數的相關性不就可以了嗎？因為相關性愈高，代表預測值愈準確。

那麼，下面試著描繪一下實際顧客人數與預測值的散佈圖吧。

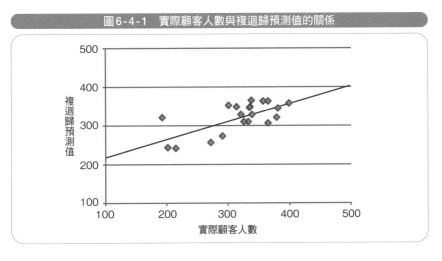

圖6-4-1　實際顧客人數與複迴歸預測值的關係

 哇，一眼就能看出是正相關。

 是啊。只要計算實測值和預測值的相關係數，就能得出其準確性，但其實還有更簡單的方法。

透過實測值和複迴歸模型得到的預測值相關係數，稱為**複相關係數**。只要得知三組相關係數，就能計算出複相關係數。複相關係數的計算公式，如圖6-4-2所示。

圖6-4-2　複相關係數的計算公式

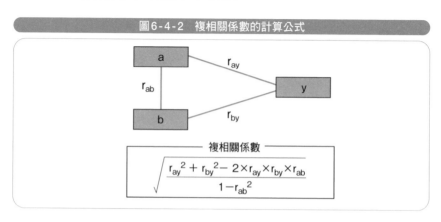

那麼，讓我們實際計算複相關係數吧。

圖6-4-3　利用Excel計算複相關係數

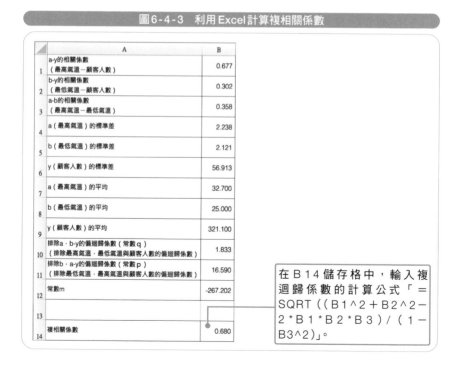

	A	B
1	a-y的相關係數 （最高氣溫—顧客人數）	0.677
2	b-y的相關係數 （最低氣溫—顧客人數）	0.302
3	a-b的相關係數 （最高氣溫—最低氣溫）	0.358
4	a（最高氣溫）的標準差	2.238
5	b（最低氣溫）的標準差	2.121
6	y（顧客人數）的標準差	56.913
7	a（最高氣溫）的平均	32.700
8	b（最低氣溫）的平均	25.000
9	y（顧客人數）的平均	321.100
10	排除a，b-y的偏迴歸係數（常數q） （排除最高氣溫，最低氣溫與顧客人數的偏迴歸係數）	1.833
11	排除b，a-y的偏迴歸係數（常數p） （排除最低氣溫，最高氣溫與顧客人數的偏迴歸係數）	16.590
12	常數m	-267.202
13		
14	複相關係數	0.680

在 B14 儲存格中，輸入複迴歸係數的計算公式「＝SQRT（（B1^2＋B2^2－2＊B1＊B2＊B3）／（1－B3^2）」。

複相關係數為0.680，而最高氣溫和顧客人數的相關係數是0.677，所以並沒有大幅增加。

 是啊。我們試著以最高氣溫加上最低氣溫作為解釋變數，以此作為複迴歸模型，但這樣並沒有增加解釋能力。

● 複迴歸模型的總結

最後，讓我們來總結一下複迴歸模型。

在本章的一開始，我們學到了偏迴歸係數。偏迴歸係數為偏迴歸線的斜率。其計算公式如下。

圖6-4-4 偏迴歸係數的計算公式

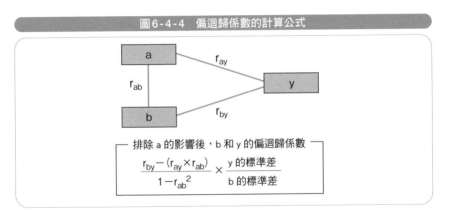

排除a的影響後，b和y的偏迴歸係數
$$\frac{r_{by} - (r_{ay} \times r_{ab})}{1 - r_{ab}^2} \times \frac{y\text{的標準差}}{b\text{的標準差}}$$

接著，我們又學到複迴歸模型，這是一種以兩個或兩個以上的變數來預測一個變數的方法。像這次的例子一樣，可以根據最高氣溫和最低氣溫來預測顧客人數。其計算公式如下。

　顧客人數的預測值
＝常數m＋常數p×最高氣溫＋常數q×最低氣溫

此時，常數p、q、m可以透過下列公式計算出來。

常數p＝顧客人數與最高氣溫的偏迴歸係數

常數q＝顧客人數與最低氣溫的偏迴歸係數

常數m＝顧客人數的平均－p×最高氣溫的平均－q×最低氣溫的平均

最後，我們學習了複相關係數。複相關係數，是指通過實測值和複迴歸模型得到的預測值相關係數。

圖6-4-5　複相關係數的計算公式

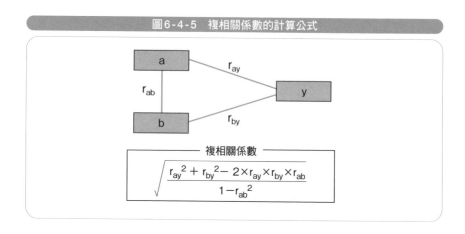

這樣一來，從偏相關開始，到複迴歸模型的旅程就此告一段落。複迴歸模型的變數有時會超過兩個以上，不過，其觀念是將本章所介紹的兩個變數加以擴展而來。

P O I N T

● 偏相關迴歸線的斜率稱為「偏迴歸係數」。

● 使用一個變數預測另一個變數的模型，稱為「簡單線性迴歸模型」；使用兩個以上變數預測另一個變數的模型，稱為「複迴歸模型」。

● 用於預測的變數稱為「解釋變數」，被預測的變數稱為「反應變數」。

● 通過實測值和複迴歸模型得出的預測值相關係數，稱為「複相關係數」。

對複迴歸分析的擴展

本章試圖通過最低氣溫和最高氣溫這兩個解釋變數，來預測顧客人數這個反應變數。不僅如此，如果還能增加3、4個有助於預測顧客人數的解釋變數，預測似乎還會變得更為準確。例如，當天的日照時間、當天的溫度、星期幾等變數。像這樣，通過多個解釋變數來預測一個反應變數，或者按照一定的標準，從多個解釋變數中選擇有助於預測的變數，這樣的方法就稱為複迴歸分析。

複迴歸分析並非一味地增加解釋變數就能得到好的結果。因為複迴歸分析的目的在於，找出哪些能發揮重要作用的解釋變數，以及乍看之下與反應變數的相關性薄弱，但作為解釋變數加入後，可以提高預測準確度的解釋變數。

當存在可以利用的解釋變數時，複迴歸模型應該選用哪些變數，在分析上存在著「變數選擇」的問題。根據選擇的變數不同，複迴歸模型的公式也會產生變化，所以在計算的過程中，我們需要根據標準來增加或減少變數。

另外，當解釋變數之間具有強烈的相關性時，就會產生「多重共線性」的問題。在這種情況下，分析結果就會變得不穩定。為了避免這種情況發生，我們需要先觀察解釋變數之間的相關關係，對於相關性較強的幾個變數，必須將其中一個排除在分析之外。

進行複迴歸分析的時候，千萬要對以上幾點特別注意。

第6章 ｜ 希望從最高和最低氣溫來預測顧客人數 ｜ 複迴歸

確認測驗

 問題 下面的資料是針對19名大學生的高中平均成績（滿分10分）、入學考試分數、入學後的學業成績（GPA：滿分4分）進行的調查（與第5章的確認測驗資料相同）。

① 利用高中平均成績和入學考試分數這兩個變數，透過複迴歸模型，預測學生入學後的學業成績。請寫出這個模型的公式。

② 計算①的模型公式中所使用的常數。

③ 計算①的模型中的複相關係數。

④ 比較入學考試和學業成績的相關係數和複相關係數，請用文章寫出能夠得到哪些結論。

學生	入學考試分數	學業成績	高中平均成績
1	440	1.57	5.7
2	448	1.83	6.8
3	455	2.05	6.2
4	460	1.14	5.5
5	473	2.73	6.0
6	485	1.65	7.3
7	489	2.02	7.6
8	500	2.98	7.3
9	512	1.79	5.6
10	518	2.63	7.6
11	528	2.08	6.5
12	550	2.15	7.8
13	582	3.44	6.8
14	569	3.05	7.5
15	585	3.19	8.2
16	593	3.42	7.8
17	620	3.87	7.5
18	650	3.00	7.2
19	690	3.12	8.8

答案在 ➡ P.157

和冰淇淋的喜好有相關性嗎？

相關矩陣

(本章學習的內容)

- 多變量資料
- 相關矩陣的計算方式

獨生子女偏好牛奶口味？

開幕後平安無事地度過一週年，店長也愈來愈有拼勁。

 順利地迎向開幕一週年，營業額也穩定成長！這些都是小愛的功勞。

 哪裡哪裡，這是大家齊心協力的成果。

 話說，我想趁現在這個空檔，重新審視一下冰淇淋的菜單。

 這個主意不錯耶。

 大家都很清楚，我們21世紀冰淇淋共販售21種冰淇淋。

最近，新推出的紅豆口味似乎廣受好評。

對啊。雖然也有像香草之類的常見口味，但仍需要有新的創意口味。所以，我又再一次對客人實施問卷調查。妳看！（下頁的圖 7-1-1）

哇，店長好厲害！

沒什麼啦，這只是小事一樁。

不過，性別和年齡資料我還能理解，但為什麼需要問到出生順序呢？

哎呀，我只是想做個小小的假設而已啦。

沒想到店長竟然會用到「假設」這個名詞！到底是什麼樣的假設呢？

哎，比如說像是，獨生子女喜歡牛奶口味，長子喜歡偏澀味的冰淇淋……類似這樣的感覺……。

……總覺得這個假設相當馬虎欸。

唉唷，別計較這種小事啦。總之我已經做好這個問卷調查，該有的資料都蒐集完畢了。

哇，動作還真快。

還好啦。資料都在這邊，這是針對 20 歲左右的男女各 40 人做的調查。所以……。

難、難道說……。

小愛，拜託妳了！請妳幫忙分析一下！

圖7-1-1　冰淇淋的問卷調查

關於冰淇淋喜好的問卷調查

■首先回答性別、年齡、出生順序。

性別：　男　、　女　　年齡：＿＿＿＿＿＿　　　　　出生順序：老大（長子長女）、中間子女、老么

■你（妳）常吃冰淇淋嗎？請在編號上面進行圈選。

1.　完全不吃　　　　　　　　2.　大約幾個月吃一次　　　　3.　大約一個月吃一次
4.　大約一個月吃好幾次　　　5.　大約一週吃一次　　　　　6.　一週吃好幾次
7.　大約每天吃一次　　　　　8.　一天吃好幾次

■針對下列21種冰淇淋的喜好程度，請在合適的數字（1～9）上進行圈選。不必花太多時間考慮，以輕鬆的心情評分即可。

		極度討厭	討厭	沒意見	喜歡	極度喜歡
		| 非常討厭 | 有點討厭 | 有點喜歡 | 非常喜歡 |

1.	香草	1---2---3---4---5---6---7---8---9
2.	草莓	1---2---3---4---5---6---7---8---9
3.	奶茶	1---2---3---4---5---6---7---8---9
4.	夏威夷豆	1---2---3---4---5---6---7---8---9
5.	餅乾	1---2---3---4---5---6---7---8---9
6.	巧克力	1---2---3---4---5---6---7---8---9
7.	哈密瓜	1---2---3---4---5---6---7---8---9
8.	咖啡	1---2---3---4---5---6---7---8---9
9.	杏仁	1---2---3---4---5---6---7---8---9
10.	萊姆葡萄	1---2---3---4---5---6---7---8---9
11.	薄荷	1---2---3---4---5---6---7---8---9
12.	香蕉	1---2---3---4---5---6---7---8---9
13.	焦糖	1---2---3---4---5---6---7---8---9
14.	核桃（胡桃）	1---2---3---4---5---6---7---8---9
15.	黑加侖	1---2---3---4---5---6---7---8---9
16.	巧克力片	1---2---3---4---5---6---7---8---9
17.	柳橙	1---2---3---4---5---6---7---8---9
18.	抹茶	1---2---3---4---5---6---7---8---9
19.	栗子	1---2---3---4---5---6---7---8---9
20.	薄荷巧克力	1---2---3---4---5---6---7---8---9
21.	紅豆	1---2---3---4---5---6---7---8---9

| | \| 非常討厭 \| 有點討厭 \| 有點喜歡 \| 非常喜歡 \| |
| 極度討厭 | 討厭 | 沒意見 | 喜歡 | 極度喜歡 |

非常感謝您協助調查。

　　像這樣的問卷調查，存在很多變數。性別、年齡、出生順序、吃冰淇淋的頻率、對香草口味的好惡、對草莓口味的好惡、對奶茶口味的好惡、對紅豆口味的好惡……。這些全都是變數。

　　這樣的資料就稱為**多變量資料**，意思是由許多變數所組成的資料。「變量」和「變數」的意思相同（英語為variables）。

　　輸入多變量資料時，可以採取下列形式。

圖7-1-2　多變量資料的輸入

	A	B	C	D	E	F	G	H
1	受訪者	性別	年齡	出生順序	食用頻率	香草	草莓	奶茶
2	1	2	20	2	5	7	7	8
3	2	2	21	2	1	7	8	9
4	3	2	21	3	2	7	4	3
5	4	2	21	4	3	9	6	6
6	5	2	21	4	2	9	5	7
7		2	21	2	5	5	7	5
8		2	21	2	2	9	7	6
9	8	2	20	2	4	7	7	6
10	9	2	21	2	4	7	7	4
11	10	2	22	4	4	5	5	9
12	11	2	22	2	3	8	1	8

（變數）

（案例）

　　變數以橫向（列）排列。這張表格列出了性別、年齡、出生順序、吃冰淇淋的頻率，以及對各種冰淇淋口味的喜好程度。

　　案例（單獨一組資料）以縱向（行）排列，這裡列出的是每位受訪者的回答。

　　此外，這裡的性別是以數字1代表男性，數字2代表女性。出生順序方面，獨生子女是1，長子是2，中間子女是3，老么是4。像這樣的數字分配，可以由自己斟酌情況來決定。

第**7**章 ｜ 相關矩陣 — 和冰淇淋的喜好有相關性嗎？

7-2 整理變數

● 有沒有分類的好辦法？

．．

小愛回到大學，坐在研究室的電腦前輸入資料，費了好大一番工夫才終於完成作業。

 呼，好不容易才把所有的資料都輸入 Excel 了。變數太多的話，輸入資料也是一件浩大的工程呢。

圖7-2-1　辛苦輸入的Excel資料

 好了，接下來該如何分析呢？因為有很多變數，處理起來也很麻煩，不知道有沒有什麼整理變數的好辦法？

 小愛，這個想法很不錯喔，妳覺得「整理變數」是什麼意思？

例如，喜歡水果類冰淇淋的人，可能會比較偏好草莓、哈密瓜或柳橙口味。喜歡和風冰淇淋的人，偏好抹茶或紅豆；喜歡巧克力的人，偏好巧克力片或薄荷巧克力。啊，不過，薄荷巧克力不一樣吧，因為有些人不喜歡薄荷。

原來如此。

總而言之，這樣就可以將變數分成水果類、和風類、巧克力類、香草類等不同的類別吧？

妳有想到可以使用什麼來進行分組嗎？

啊！是相關係數吧。如果喜歡草莓的人也喜歡哈密瓜的話，那麼草莓變數和哈密瓜變數的相關性應該很高才對。相關性高就意味著應該可以將其分類成一個群體。

說得很好！差不多就像圖7-2-2呈現的那樣。只不過在這個階段，終究仍停留在假設的印象。

圖7-2-2　冰淇淋種類的相關

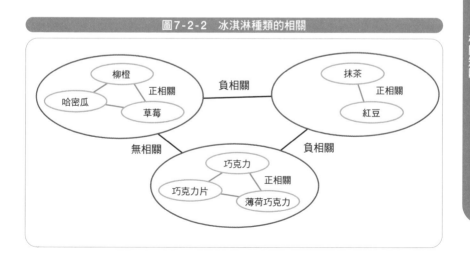

7-3 計算相關矩陣

什麼是相關矩陣？

好了，決定好分組方針了。為了將冰淇淋種類分成彼此相關的組別，因此要計算相關係數，可是卻遇到一點小小的麻煩……。

 呃，首先從香草和草莓的相關係數開始計算，接著是香草和奶茶，再來是香草和夏威夷豆，後面是……哇，這太麻煩了吧！全部到底有幾種組合啊？

 妳總算發現了呀。組合的數量為20＋19＋18＋17＋……＋3＋2＋1，總共有210種組合。

 210種！學姊，那麼多根本算不完嘛～。

 我就趁這個機會教妳一個方便的方法吧。

首先，在Excel的工作表橫向依序輸入香草、草莓、……、巧克力、紅豆。縱向也同樣依序輸入香草、草莓、……、巧克力、紅豆。這樣就完成了表7-3-1的矩陣。

表7-3-1　如何在Excel工作表中查看組合？

> 冰淇淋的種類分成行與列，做成表格

在這個矩陣的縱橫項目相交之處填入相關係數。例如，在香草和草莓相交的儲存格中，填入香草和草莓的相關係數。在對角線的部分，也就是香草對香草、草莓對草莓、牛奶對牛奶的儲存格中，填入相關係數1.0。因為自己與自己的相關性都是1.0。這張表稱為**相關矩陣**。

圖7-3-2 相關矩陣範例

香草和草莓的相關係數
香草和奶茶的相關係數

	香草	草莓	奶茶	夏威夷豆	餅乾
香草	●				
草莓		●			
奶茶			●		
夏威夷豆				●	
餅乾					●

同樣的組合理所當然地填入1.0

使用函數計算相關係數

那麼接下來就讓我們開始計算冰淇淋的相關係數吧。大家還記得相關係數的計算方法嗎？

我當然記得！計算平均數，根據平均數計算偏差，將偏差相乘後計算平均，再以偏差積的平均除以兩個標準差。

嗯，小愛已經徹底掌握相關係數的計算方法了，妳真聰明。

那是因為我之前已經計算過無數次了。但是學姊，光是計算香草和草莓的相關係數就已經很麻煩了，後面還有一堆要計算，這也太累人了啦～。

那麼我就教你一個方便的方法吧。Excel中有個一口氣計算相關係數的函數喔。

＝ CORREL（資料行1, 資料行2）

第7章 — 和冰淇淋的喜好有相關性嗎？ 相關矩陣

使用CORREL這個函數，就能計算出資料列1和資料列2的相關係數了。事實上，我們之前提到的相關係數，準確來說是叫做「皮爾森積差相關係數」（Pearson Product-Moment Correlation Coefficient）。

咦，原來有這麼方便的函數啊！學姊幹嘛不一開始就先告訴我啦！

不好意思，真抱歉。不過，多虧計算過相關係數，妳才學會了計算方法吧？如果打從一開始就知道CORREL函數的話，雖然計算起來會比較輕鬆，卻無法瞭解其中的含義不是嗎？在理解內容的前提下使用工具，與完全的黑箱作業（在不清楚過程的情況下進行處理）是兩碼子事。

　　試著在相關矩陣中輸入CORREL函數。在下頁的圖7-3-3中，於下列的儲存格中輸入各種冰淇淋的資料。在CORREL函數中指定這些資料，以計算相關係數。

香草口味的資料	：F2～F81儲存格
草莓口味的資料	：G2～G81儲存格
奶茶口味的資料	：H2～H81儲存格
夏威夷豆口味的資料	：I2～I81儲存格
餅乾口味的資料	：J2～J81儲存格

　　還記得第2章使用的 $ 符號嗎？通常我們將儲存格內的計算公式複製到其他儲存格時，計算公式的儲存格名稱會自動改變。例如，將A3儲存格的計算公式「＝A1＋A2」複製到B3儲存格時，就會變成「＝B1＋B2」。

　　如果不想讓計算公式中的儲存格名稱在複製後改變的話，就使用 $ 符號。舉例來說，在F84儲存格（香草與香草的相關係數）中，輸入「＝CORREL（香草口味的資料, 香草口味的資料）」。相鄰的G84儲存格（香草口味和草莓口味的相關係數），必須填入「＝CORREL（香

圖7-3-3 計算相關矩陣①

香草口味和香草口味的相關係數
「= CORREL（F2：F81, F2：F81）」

香草口味和草莓口味的相關係數
「= CORREL（F2：F81, G2：G81）」

	D	E	F	G	H	I	J
82							
83			香草	草莓	奶茶	夏威夷豆	餅乾
84		香草	1.000	0.029	0.079	-0.113	0.055
85		草莓					
86		奶茶					
87		夏威夷豆					
88		餅乾					

將F84儲存格的計算公式
複製貼上

草口味的資料, 草莓口味的資料）」。也就是說，將F84儲存格的計算公式複製到G84儲存格時，CORREL函數的（ ）中的第一個資料要固定為香草口味的資料。

因此，我們在F84儲存格中輸入「= CORREL（F2：F81, F2：F81）」。將這個計算公式複製到G84儲存格中，那麼帶有 $ 符號的儲存格就會原封不動地變成「= CORREL（F2：F81, G2：G81）」，如此一來就可以得到香草口味的資料（F2：F81）和草莓口味的資料（G2：G81）的相關係數。

用同樣的方式，就能計算出其他冰淇淋的相關係數（下圖7-3-4）。

圖7-3-4 計算相關矩陣②

草莓口味和香草口味的相關係數
「= CORREL（G2：G81, F2：F81）」

奶茶口味和香草口味的相關係數
「= CORREL（H2：H81, F2：F81）」

	D	E	F	G	H	I	J
82							
83			香草	草莓	奶茶	夏威夷豆	餅乾
84		香草	1.000	0.029	0.079	-0.113	0.055
85		草莓	0.029	1.000	0.207	0.105	0.036
86		奶茶	0.079	0.207	1.000	0.342	0.229
87		夏威夷豆	-0.113	0.105	0.342	1.000	0.344
88		餅乾	0.055	0.036	0.229	0.344	1.000

夏威夷豆口味和香草口味的相關係數
「= CORREL（I2：I81, F2：F81）」

餅乾口味和香草口味的相關係數
「= CORREL（J2：J81, F2：F81）」

將F列的計算公式
分別複製貼上

●── 在具有相關性的儲存格自動上色

　　雖然我們已經計算好相關矩陣，但由於數字太多，一時半刻難以判斷哪些儲存格具有相關性。因此，這裡使用Excel的條件式格式功能，在符合中度相關的儲存格塗上顏色吧。

① 選擇相關矩陣的範圍。

② 在【常用】頁籤中依序點擊 ［條件式格式設定］ → ［醒目提示儲存格規則］ → ［大於…］。

③ 設為「0.4」，並指定格式。這代表「在大於0.4的數值塗上顏色」的意思。當相關係數大於0.4的時候，通常視為「中度相關」，所以這裡指定為「0.4」。

④ 點擊確定後，選擇範圍內大於0.4的數值就會塗上顏色。

	香草	草莓	奶茶	夏威夷豆	餅乾	巧克力
香草	1.000	0.029	0.079	-0.113	0.055	-0.110
草莓	0.029	1.000	0.207	0.105	0.036	0.209
奶茶	0.079	0.207	1.000	0.342	0.229	0.056
夏威夷豆	-0.113	0.105	0.342	1.000	0.344	0.197
餅乾	0.055	0.036	0.229	0.344	1.000	0.259
巧克力	-0.110	0.209	0.056	0.197	0.259	1.000
哈密瓜	-0.113	0.296	0.069	-0.093	-0.016	0.211
咖啡	0.058	-0.017	0.359	0.231	0.277	0.204
杏仁	-0.262	0.121	0.076	0.438	0.363	0.230
柴朝葡萄	0.104	0.060	0.129	0.194	-0.028	-0.148
薄荷	-0.236	0.030	0.049	0.117	-0.259	0.123
香蕉	0.007	0.230	0.401	0.080	0.235	0.243
焦糖	-0.098	0.143	0.414	0.202	0.248	0.295
核桃	-0.174	0.156	0.197	0.647	0.282	0.209
黑加侖	-0.157	0.150	0.335	0.303	0.095	0.100
巧克力片	0.022	0.155	0.107	0.079	0.442	0.661

⑤ 用同樣的方式，在小於−0.4的數值塗上顏色。在【常用】頁籤
中依序點擊［條件式格式設定］→［醒目提示儲存格規則］→
［小於…］。設為「−0.4」，並指定格式。

小愛計算出相關矩陣之後，隨即向店長報告結果。

 原來如此，只要研究相關矩陣，就能對冰淇淋進行分類了呀。

 是啊。舉例來說，夏威夷豆、核桃和杏仁冰淇淋彼此之間的相
關係數較高，因此可以將這些口味視為一組。我們可以將這一
組命名為「堅果類」。

 對於受訪者來說，只不過是回答不同種類的冰淇淋好惡的問卷
調查而已，但如果蒐集大量這類問卷進行分析的話，自然可以
得知冰淇淋的整體結構。

 沒錯，就是這樣。嗯，統計學還真是厲害。

 可是，如果相關矩陣愈大，檢視相關係數就愈麻煩。而且，對
於相關係數接近零的數字，也不知道該怎麼解釋才好……。

 嗯，說得也是。

 如果能將21種冰淇淋像地圖一樣排列的話，就可以清楚地看出
整體樣貌了，這種事就沒有辦法做到嗎？

 地圖嗎？嗯……。（接續第8章）。

P O I N T

● 由大量變數組成的資料稱為「多變量資料」。

● 將變數之間的相關係數進行整理，這樣的表格稱為「相關矩陣」。

● 在Excel中，可以使用CORREL函數計算出相關係數。

第 **8** 章

冰淇淋的喜好
該如何分類？

因素分析

〔本章學習的內容〕

- 因素分析的觀念
- 共同因素
- 特徵值
- 因素負荷
- 共同性
- 簡單結構
- 因素分數

8-1 因素分析的觀念

◑ 把冰淇淋的喜好描繪成地圖

本章的內容是接續第7章。建立相關矩陣，就能計算出21種口味的冰淇淋的相關係數。可是，光看相關矩陣，無法明確區分是什麼樣的組別。

 學姊，有沒有什麼辦法可以一眼看出冰淇淋的喜好呢？比如像地圖那樣⋯⋯。

 這樣就得運用因素分析了。

 因素分析？嗚嗚嗚，聽起來好像很難的樣子。

 有很多種分析多變量資料的方法，其中因素分析是最常用的方法之一。只要充分掌握這個分析方法，以後一定能派上用場。

再加把勁吧，加油！

● 因素分析的觀念

首先說明**因素分析**的觀念。

為了方便大家理解，這裡只考慮夏威夷豆、巧克力、核桃、巧克力片這四種口味的冰淇淋資料。相關矩陣如表8-1-1所示。

表8-1-1 四種口味的相關矩陣

	夏威夷豆	巧克力	核桃	巧克力片
夏威夷豆	1.000			
巧克力	0.197	1.000		
核桃	0.647	0.209	1.000	
巧克力片	0.079	0.661	0.129	1.000

從表8-1-1可以看出，夏威夷豆與核桃、巧克力與巧克力片的相關性（灰色部分）較高。針對這個現象，因素分析認為有一種因子對夏威夷豆和核桃發揮共同的作用。同樣地，也有其他因子對巧克力和巧克力片發揮共同作用。這個因子就稱為**共同因素**。圖8-1-2為共同因素的示意圖。

圖8-1-2 觀測變數與共同因素的關係

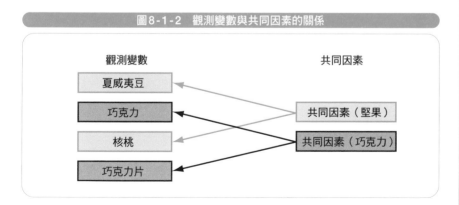

如果有「堅果的共同因素」這樣的東西存在，那麼它就會對夏威夷豆和核桃發揮作用，使得夏威夷豆和核桃出現較高的相關性。同樣地，如果有「巧克力的共同因素」這樣的東西存在，那麼它就會對巧克力和巧克力片發揮作用，使得巧克力和巧克力片出現較高的相關性。

對於共同因素，夏威夷豆和巧克力的喜好等變數，稱為 **觀測變數**，也就是實際觀測到的資料的意思。

 共同因素和觀測變數的關係，與前面介紹過的偏相關（第5章）有幾分相似。我記得前面探討的是最高氣溫、最低氣溫和顧客人數的關係吧？

 沒錯。偏相關的共同因素也是實際觀測到的資料。在這個例子中，由於存在著共同因素，因此導致發揮作用的觀測變數之間的相關性變高。

 進行因素分析的時候，共同因素並非實際的資料啊。

 對。共同因素終究只是我們假想出來的，想要計算共同因素，就得使用名為因素分析的統計方法。

8-2 特徵值

● 必須使用專業軟體進行因素分析

進行因素分析的時候，必須使用名為統計軟體的電腦應用程式。比如像 SPSS 或 SAS，就是受到廣泛使用的著名統計軟體。然而，對於個人用戶來說，這些軟體的價格有些昂貴。

除了這兩種軟體之外，市面上也有販售作為 Excel 增益集（附加應用程式）的統計軟體。此外，最近網路上也可以找到協助我們進行統計分析的網站（例如 Black-Box 等）。

●── 執行因素分析

下面使用上一節的四種冰淇淋資料，實際運用某個軟體進行因素分析，針對分析結果逐一說明。首先，計算相關矩陣（表8-2-1）。

表8-2-1　相關矩陣

	夏威夷豆	巧克力	核桃	巧克力片
夏威夷豆	1.000			
巧克力	0.197	1.000		
核桃	0.647	0.209	1.000	
巧克力片	0.079	0.661	0.129	1.000

接下來計算**特徵值**。

表8-2-2　特徵值

編號	特徵值	累積百分比
1	1.9646906	49.12
2	1.3524429	82.93
3	0.3625902	91.99
4	0.3202764	100.00

這個特徵值即為決定共同因素數量的線索。

共同因素的數量不是一開始就決定好的嗎？

不是喔，一開始還沒有決定。妳再看一下剛才的圖。

圖8-2-3　觀測變數與共同因素的關係

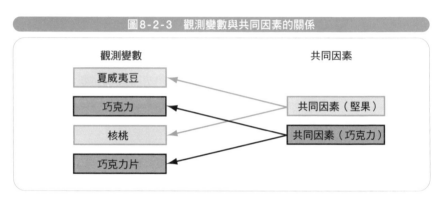

　　儘管我們認為，這裡的共同因素只有影響堅果類的共同因素，和影響巧克力類的共同因素這兩種，但這終究只是假設。共同因素有可能只有1個，也可能多達3個，但最多只會有4個，這是因為觀測變數只有4個的緣故。

　　然而，如果觀測變數的數量與共同因素的數量相同，這樣的話就失去特意思考共同因素的意義了。因素分析說穿了就是「用較少的共同因素來解釋較多的觀測變數」，而特徵值就是用來決定共同因素數量的線索。

●── 用折線圖來確認

　　將表8-2-2的特徵值繪製成折線圖，如圖8-2-4所示。

　　有好幾種用來決定共同因素數量的標準，這裡介紹觀察「特徵值下降方式」的方法。

圖8-2-4　特徵值的折線圖

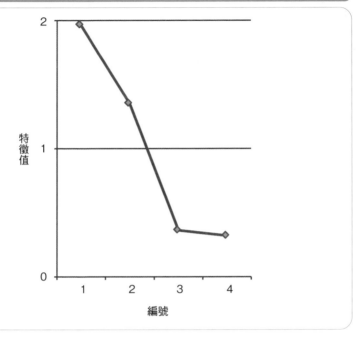

從圖8-2-4的折線圖可以看出，隨著編號增加，特徵值逐漸變小。仔細觀察其下降方式，我們可以發現，以第2個特徵值和第3個特徵值為界，斜率出現急劇變化。從2到3的斜率比較大，從3到4的斜率比較小。

因此，我們假設有兩個共同因素，並判斷其餘的因素不會造成太大的影響。

第8章 ｜ 冰淇淋的喜好該如何分類？ 因素分析

觀察影響的程度有多大

接下來計算**因素負荷**（或稱因素負荷量）。

表8-3-1 旋轉前的因素負荷

	因子1	因子2	共同性
夏威夷豆	−0.70245	−0.59979	0.85319
巧克力	−0.64655	0.42811	0.60131
巧克力片	−0.62508	0.60020	0.75096
核桃	−0.58466	−0.39449	0.49745
負荷量的平方和	1.64402	1.05889	
貢獻率	41.10053	26.47217	
累積貢獻率	41.10053	67.57270	

因素負荷所代表的是共同因素對於觀測變數的影響程度，如圖8-3-2所示。

圖8-3-2 什麼是因素負荷？

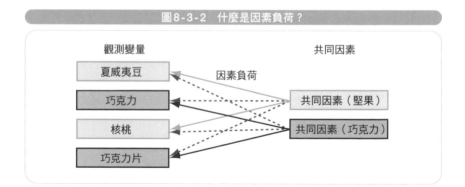

堅果的共同因素對於夏威夷豆和核桃的因素負荷較大（實線箭頭），對於巧克力和巧克力片的因素負荷較小（虛線箭頭）。

同樣地，巧克力的共同因素對於巧克力和巧克力片的因素負荷較大（實線箭頭），對於夏威夷豆和核桃的因素負荷較小（虛線箭頭）。

可是學姊，這也太奇怪了。從圖8-3-1來看，因子1對於四種觀測變數的因素負荷，全都在−0.5～−0.7左右。

不錯，因子1對於這四種口味的冰淇淋皆呈現出幾乎相同的因素負荷值。

對啊。這樣的話，誰會知道因子1屬於哪個口味的因子呢？

真要說起來，因子1可以說是所有觀測變數共通的共同因素。

再觀察因子2，巧克力和巧克力片的因素負荷在0.4～0.6之間，夏威夷豆和核桃在−0.4～−0.6之間。在我看來，因子2大概是「巧克力的共同因素」。

可是，因子2對於兩種堅果呈現出負的因素負荷量，對於兩種巧克力呈現出正的因素負荷量，我們不能因此就簡單稱之為「巧克力的共同因素」。硬要說的話，應該說「巧克力是呈現正的因素負荷，堅果是呈現負的因素負荷的共同因素」……。

果然還是很難理解啦～。

關於這一點，就留到下一節來解決。

那麼，在進入下一節之前，這裡先針對表8-3-1中的共同性、負荷量的平方和、貢獻率、累積貢獻率進行說明。

●──1 共同性

共同性為每個觀測變數的因素負荷平方和。共同性愈大，代表這裡採用的共同因素解釋的比例就愈大。反之，共同性愈小，共同因素解釋的比例就愈小。在這種情況下，就要觀察是否該觀測變數獨有的因子「獨特因素」發揮作用。

表8-3-3　項目的含義

	因子1	因子2	共同性	
夏威夷豆	−0.70245	−0.59979	0.85319	1
巧克力	−0.64655	0.42811	0.60131	
巧克力片	−0.62508	0.60020	0.75096	
核桃	−0.58466	−0.39449	0.49745	
負荷量的平方和	1.64402	1.05889		2
貢獻率	41.10053	26.47217		3
累積貢獻率	41.10053	67.57270		4

　　如果存在共同性較小的觀測變數，就表示用共同因素解釋的比例較小，因此它很有可能是用該因素分析的因子無法解釋的變數。在這種情況下，有時會刪除該變數，再重新進行一次因素分析。不管怎麼說，我們必須對共同性較小的變數特別注意。

●──2　負荷量的平方和

　　負荷量的平方和也稱為因素貢獻，它是以每個因子的因素負荷平方和計算出來。負荷量的平方和，是該因子對所有觀測變數能帶來多少貢獻的一種指標。

　　因素貢獻是根據每個因子計算而來，將所有因子加總起來，理論上就是觀測變數的數量。從這個例子來看，觀測變數共有4個，因子1到因子4的因素貢獻加總起來就是4。

●──3　貢獻率

　　負荷量的平方和（因素貢獻）除以觀測變數的數量，得到的結果就稱為**貢獻率**，單位是％（百分比）。我們從貢獻率就可以看出該因子對整體有多少貢獻。

●──4　累積貢獻率

　　累積貢獻率是指將貢獻率依次加總起來的結果。從這個例子來看，因子1的貢獻率為41.10053％，因子2的貢獻率為26.47217％，因此到因子2為止的累積貢獻率，兩者合計為67.5727％。

是什麼的共同因素？

 學姊，我終於弄懂因素負荷了。它代表共同因素對觀測變數有多少程度的影響，對吧？

 對，妳說得沒錯！

表8-4-1　旋轉前的因素負荷

	因子1	因子2	共通性
夏威夷豆	−0.70245	−0.59979	0.85319
巧克力	−0.64655	0.42811	0.60131
巧克力片	−0.62508	0.60020	0.75096
核桃	−0.58466	−0.39449	0.49745
負荷量的平方和	1.64402	1.05889	
貢獻率	41.10053	26.47217	
累積貢獻率	41.10053	67.57270	

 可是，依現在的情況來看，我沒有辦法看出因子1和因子2是「什麼的共同因素」。

 那麼，為了理解這一點，讓我們試著繪製圖表吧。

　　請見下圖8-4-2。橫軸設為因子1的因素負荷，縱軸設為因子2的因素負荷，分別將各個觀測變數標記上去。

 奇怪，描繪在圖上一看，不但巧克力類的變數會湊在一起，堅果類的變數也會湊在一起。

 是吧。把因素負荷繪製成圖表，就能夠清楚呈現出觀測變數的地圖。

圖8-4-2　因素負荷圖

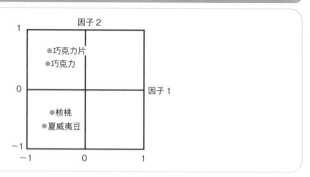

 照這樣來看，因子1、因子2這些共同因素就很難做解釋了。

 很難做解釋是什麼意思呢？

 簡單來說，就是不方便命名。如果可以的話，最好可以將因子1命名為「堅果類的因子」，因子2命名為「巧克力類的因子」。這樣一來，解釋就變得簡單多了吧？

 原來如此。那我該怎麼做才好呢？

 讓軸旋轉，就像下面這樣。

圖8-4-3　讓軸旋轉後的因素負荷圖

將原來的軸逆時針旋轉約45度，即為圖8-4-3。經過旋轉之後，因子1的軸是不是變成「堅果類的軸」，因子2的軸是不是變成「巧克力類的軸」呢？

 喔喔，真的欸。確實座標軸經過旋轉之後，解釋起來就變得簡單多了。但是，像這樣隨便旋轉座標軸不要緊嗎？

 沒問題的。只要原始觀測變數之間的關係不變，座標軸即可自由旋轉。

軸的旋轉方式有好幾種做法，在使用因素分析的軟體時，可以進行指定。這裡我們使用一種名叫**方差極大化旋轉**（varimax rotation）的旋轉方法。

利用方差極大化旋轉法將座標軸旋轉，這樣就會得到表8-4-4的計算結果。

表8-4-4　方差極大化旋轉後的因素負荷

	因子1	因子2	共同性
夏威夷豆	−0.92177	0.05940	0.85319
核桃	−0.69422	0.12454	0.49745
巧克力片	−0.03000	0.86606	0.75096
巧克力	−0.16533	0.75761	0.60131
負荷量的平方和	1.35983	1.34308	
貢獻率	33.99581	33.57689	
累積貢獻率	33.99581	67.57270	

從表8-4-4可以看出，在因子1中，夏威夷豆和核桃（雖然是負數）的數值偏高，巧克力和巧克力片的數值接近於零。

在因子2中，夏威夷豆和核桃的數值接近於零，巧克力和巧克力片的數值則是偏高的正數。

由此看來，我們可以將因子1命名為「堅果類的因子」，因子2命名為「巧克力類的因子」。

最終的地圖（因素負荷），如圖8-4-5所示。

第**8**章
｜
冰淇淋的喜好該如何分類？
因素分析

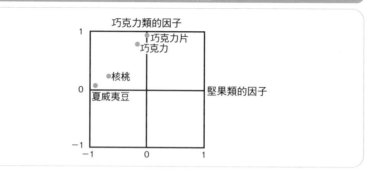

圖8-4-5　因素負荷圖

巧克力類的因子

堅果類的因子

地圖總算一目瞭然。原來因素分析就像偵探辦案一樣有趣！好，接下來我要使用原來的問卷調查資料，試著因素分析。

● 試著以 13 種冰淇淋的資料進行因素分析

根據「冰淇淋喜好度問卷調查」的資料，利用下列13種冰淇淋的資料，試著進行因素分析。

表8-4-6為13種冰淇淋的相關矩陣。

表8-4-6　相關矩陣

	奶茶	夏威夷豆	餅乾	巧克力	杏仁	薄荷	焦糖
奶茶	1.000	0.342	0.229	0.056	0.076	0.049	0.414
夏威夷豆	0.342	1.000	0.344	0.197	0.438	0.117	0.202
餅乾	0.229	0.344	1.000	0.259	0.363	-0.259	0.248
巧克力	0.056	0.197	0.259	1.000	0.230	0.123	0.295
杏仁	0.076	0.438	0.363	0.230	1.000	0.177	0.308
薄荷	0.049	0.117	-0.259	0.123	0.177	1.000	0.130
焦糖	0.414	0.202	0.248	0.295	0.308	0.130	1.000
核桃	0.197	0.647	0.282	0.209	0.546	0.145	0.290
巧克力片	0.107	0.079	0.442	0.661	0.278	0.160	0.343
抹茶	0.285	0.311	0.017	0.048	0.078	0.205	0.048
栗子	0.286	0.292	0.246	0.110	0.074	0.077	0.458
薄荷巧克力	-0.019	0.114	-0.156	0.191	0.155	0.834	0.137
紅豆	0.219	0.312	0.248	0.210	0.218	-0.096	0.340

表 8-4-6　相關矩陣（續）

	核桃	巧克力片	抹茶	栗子	薄荷巧克力	紅豆
奶茶	0.197	0.107	0.285	0.286	-0.019	0.219
夏威夷豆	0.647	0.079	0.311	0.292	0.114	0.312
餅乾	0.282	0.442	0.017	0.246	-0.156	0.248
巧克力	0.209	0.661	0.048	0.110	0.191	0.210
杏仁	0.546	0.278	0.078	0.074	0.155	0.218
薄荷	0.145	0.160	0.205	0.077	0.834	-0.096
焦糖	0.290	0.343	0.048	0.458	0.137	0.340
核桃	1.000	0.129	0.282	0.269	0.253	0.330
巧克力片	0.129	1.000	-0.021	0.098	0.264	0.118
抹茶	0.282	-0.021	1.000	0.385	0.215	0.349
栗子	0.269	0.098	0.385	1.000	0.158	0.509
薄荷巧克力	0.253	0.264	0.215	0.158	1.000	0.024
紅豆	0.330	0.118	0.349	0.509	0.024	1.000

表 8-4-7 為特徵值和特徵值的折線圖。

表 8-4-7　特徵值及其折線圖

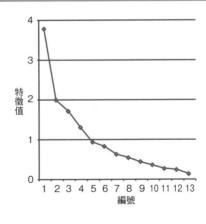

編號	特徵值	累積百分比
1	3.7790114	29.07
2	1.9906821	44.38
3	1.7023530	57.48
4	1.2942605	67.43
5	0.9209949	74.52
6	0.8113630	80.76
7	0.6130375	85.47
8	0.5240068	89.51
9	0.4259475	92.78
10	0.3433724	95.42
11	0.2513264	97.36
12	0.2245949	99.08
13	0.1190497	100.00

 我們可以從特徵值看出共同因素的數量。根據折線圖的形狀，4號到5號的傾斜較陡，之後趨於平緩。這表示，一共有4個共同因素。

下頁的表 8-4-8 是方差極大化旋轉後的因素負荷。

表8-4-8　方差極大化旋轉後的因素負荷

	因子1	因子2	因子3	因子4	共同性
栗子	−0.81055	−0.05768	−0.08115	0.03380	0.66805
紅豆	−0.59168	0.09006	−0.11921	0.20457	0.41425
抹茶	−0.46961	−0.19895	0.11495	0.16966	0.30212
焦糖	−0.46483	−0.05383	−0.36082	0.14814	0.37110
奶茶	−0.44017	0.03170	−0.08151	0.15498	0.22542
薄荷	−0.02330	−0.93783	−0.05401	0.08435	0.89010
薄荷巧克力	−0.08470	−0.87025	−0.14873	0.10061	0.79675
巧克力片	−0.02662	−0.11689	−0.98966	0.04626	0.99595
巧克力	−0.09968	−0.09622	−0.61244	0.14738	0.41600
餅乾	−0.21304	0.33036	−0.43548	0.34718	0.46470
核桃	−0.27463	−0.12491	−0.07194	0.77536	0.69739
夏威夷豆	−0.33704	−0.03077	−0.03201	0.69951	0.60488
杏仁	−0.05142	−0.07273	−0.26842	0.63215	0.47960
負荷量的平方和	1.89285	1.84568	1.81829	1.76949	
貢獻率	14.56035	14.19751	13.98686	13.61146	
累積貢獻率	14.56035	28.75786	42.74472	56.35617	

 觀察方差極大化旋轉後的因素負荷之後，就能得知可分為哪些因子。

因子1中，栗子、紅豆、抹茶、焦糖、奶茶的因素負荷較高，這些都屬於濃醇柔和的口味，應該歸類為「和風類的因子」。

因子2的薄荷和薄荷巧克力，因素負荷比較高，所以屬於「薄荷類的因子」。

因子3的因素負荷，偏高的包括巧克力片、巧克力、餅乾，姑且稱為「巧克力類的因子」。

因子4的核桃、夏威夷豆、杏仁，因素負荷比較高，我決定以「堅果類的因子」稱之。

小愛旋即回去向店長報告因素分析的結果。

 根據因素分析的結果，冰淇淋的菜單可以分為和風、薄荷、巧克力、堅果這四種。

 原來如此啊。不過，這種事好像憑直覺就能知道欸。

可是，能夠透過統計分析來確認，這不是很厲害的一件事嗎？

話是沒錯，不過……總覺得少了些什麼。對了！妳能幫忙研究一下我的假設嗎？

店長的假設？

對。就是前面提過的，獨生子女是否偏好牛奶口味、長子是否偏好較苦澀的冰淇淋？類似這樣的假設。

咦咦咦，真傷腦筋……。

第8章 ｜ 冰淇淋的喜好該如何分類？ ｜ 因素分析

如何變成簡單的模式？

對於店長這個奇怪的假設，小愛決定找學姊商量。

 店長提到的「出生順序對冰淇淋的喜好差異」，讓人覺得似乎「不太合理」，但如果改成「性別對冰淇淋的喜好差異」，這樣會不會比較好？

 性別？

 例如，「男女之間對薄荷冰淇淋的喜好存在差異」這樣的假設。如果存在差異的話，就可以思考依照性別分開推薦的菜單吧？

 嗯嗯。

 啊，對了，根據因素分析的結果，既然知道薄荷類的冰淇淋包括「薄荷」和「薄荷巧克力」，那就把這兩種口味的喜好度資料按照性別進行平均比較不就好了嗎？

 原來如此，這個想法不錯。那我們就來探討一下這個做法吧。

對13種冰淇淋的喜好進行因素分析，結果如下頁表8-5-1所示。

表8-5-1　13種冰淇淋的因素分析結果

	因子1	因子2	因子3	因子4	共同性
栗子	−0.81055	−0.05768	−0.08115	0.03380	0.66805
紅豆	−0.59168	0.09006	−0.11921	0.20457	0.41425
抹茶	−0.46961	−0.19895	0.11495	0.16966	0.30212
焦糖	−0.46483	−0.05383	−0.36082	0.14814	0.37110
奶茶	−0.44017	0.03170	−0.08151	0.15498	0.22542
薄荷	−0.02330	−0.93783	−0.05401	0.08435	0.89010
薄荷巧克力	−0.08470	−0.87025	−0.14873	0.10061	0.79675
巧克力片	−0.02662	−0.11689	−0.98966	0.04626	0.99595
巧克力	−0.09968	−0.09622	−0.61244	0.14738	0.41600
餅乾	−0.21304	0.33036	−0.43548	0.34718	0.46470
核桃	−0.27463	−0.12491	−0.07194	0.77536	0.69739
夏威夷豆	−0.33704	−0.03077	−0.03201	0.69951	0.60488
杏仁	−0.05142	−0.07273	−0.26842	0.63215	0.47960
負荷量的平方和	1.89285	1.84568	1.81829	1.76949	
貢獻率	14.56035	14.19751	13.98686	13.61146	
累積貢獻率	14.56035	28.75786	42.74472	56.35617	

　　從因子2（灰色部分）來看，薄荷和薄荷巧克力的因素負荷確實比較高。因此，將薄荷和薄荷巧克力口味的原始資料按照性別進行平均比較，這是比較基本的做法。

　　然而，仔細觀察因子2，可以看到抹茶（粗框處）的因素負荷為−0.19895。這個數字雖然和薄荷有一段差距，但也是一個不容忽視的負荷。另外，餅乾（粗框處）為0.33036的正負荷，與薄荷的負荷方向恰恰相反，這也是不可忽視的數值。

　嗚嗚嗚，如果只有薄荷和薄荷巧克力有因素負荷，其他都是零就好了。

　　對於每個觀測變數，如果只有特定因子的因素負荷較高，其他都趨近於零，那麼因素分析就會變得非常容易解釋。舉例來說，我們在本章一開始對夏威夷豆、核桃、巧克力片、巧克力進行的因素分析，就呈現出與此相近的簡單因素負荷（表8-5-2）。這樣的模式就稱為**簡單結構**。

表8-5-2　四種冰淇淋的因素分析結果

	因子1	因子2	共同性
夏威夷豆	−0.92177	0.05940	0.85319
核桃	−0.69422	0.12454	0.49745
巧克力片	−0.03000	0.86606	0.75096
巧克力	−0.16533	0.75761	0.60131
負荷量的平方和	1.35983	1.34308	
貢獻率	33.99581	33.57689	
累積貢獻率	33.99581	67.57270	

　　觀測變數愈多，就愈不容易形成簡單結構。形成簡單結構意味著可以對觀測變數進行完美的分類，通常這種情況並不常發生。

　　例如，薄荷巧克力既有巧克力口味，也有薄荷口味。只要包含這樣的意義，就很不容易形成簡單結構。倒不如說，如果知道薄荷巧克力介於巧克力類和薄荷類之間的話，就具有進行因素分析的意義。

 既然並非簡單結構，就表示不能單純地依照性別，將薄荷和薄荷巧克力的平均分數拿來比較吧？

 是啊。因為形成簡單結構的情況不常發生，所以不能直接用冰淇淋喜好的原始分數進行平均。

計算分數

小愛希望透過因素分析的結果，調查什麼樣的人喜歡哪些冰淇淋，但進展似乎不如想像中那麼順利。

 不能使用原始分數的平均……這樣的話該怎麼做才好？

 我們可以根據因素分析的結果，計算出因素分數，再以因素分數來取代原始分數。

因素分數是計算不同編號（受試者）對各因子擁有多少程度的權重。因素分數是根據案例的回答模式逐一計算出來。想計算因素分數，首先必須計算**因素分數係數**（表8-6-1）。

表8-6-1　計算因素分數係數

	因子1	因子2	因子3	因子4
奶茶	−0.15449	0.01907	0.02200	−0.01928
夏威夷豆	−0.04450	0.06168	−0.01436	0.30686
餅乾	−0.01076	0.05297	0.07139	0.15026
巧克力	−0.03201	−0.01018	0.07990	0.02877
杏仁	0.07170	0.06463	−0.03244	0.23206
薄荷	0.04249	−0.70703	0.04485	0.04838
焦糖	−0.11934	0.03591	−0.03828	−0.01128
核桃	0.02897	−0.04934	0.03012	0.49203
巧克力片	0.11099	0.02603	−1.08085	−0.16117
抹茶	−0.13415	−0.00587	0.07157	−0.00116
栗子	−0.56664	0.00862	−0.02333	−0.21349
薄荷巧克力	−0.02215	−0.28604	0.08928	−0.03927
紅豆	−0.19244	−0.02063	−0.02714	−0.00567

因素分數是將受訪者的資料按照變數進行標準化後，再乘以因素分數係數，將其加總計算出來。舉例來說，編號1（A小姐）的因子2（薄荷因子）的因素分數，計算方式如下。

A小姐對奶茶經過標準化
的回答 × 奶茶的因子2
的因素分數係數

$= \left(\begin{array}{c} \text{A小姐} \\ \text{對奶茶的回答} \end{array} - \begin{array}{c} \text{所有人} \\ \text{對奶茶的平均} \end{array} \right) ÷ \begin{array}{c} \text{所有人} \\ \text{對奶茶的標準差} \end{array} × \begin{array}{c} \text{奶茶的因子2} \\ \text{的因素分數係數} \end{array}$

$= (8 - 6.200) ÷ 1.812 × 0.019 = 0.019$

A小姐對夏威夷豆
經過標準化的回答 × 夏威夷豆的因子2
的因素分數係數

$= \left(\begin{array}{c} \text{A小姐} \\ \text{對夏威夷豆} \\ \text{的回答} \end{array} - \begin{array}{c} \text{所有人} \\ \text{對夏威夷豆} \\ \text{的平均} \end{array} \right) ÷ \begin{array}{c} \text{所有人} \\ \text{對夏威夷豆} \\ \text{的標準差} \end{array} × \begin{array}{c} \text{夏威夷豆的因子2} \\ \text{的因素分數係數} \end{array}$

$= (3 - 5.913) ÷ 1.845 × 0.062 = -0.097$

・・・中途省略・・・

A小姐對紅豆
經過標準化的回答 × 紅豆的因子2
的因素分數係數

$= \left(\begin{array}{c} \text{A小姐} \\ \text{對紅豆的回答} \end{array} - \begin{array}{c} \text{所有人} \\ \text{對紅豆的平均} \end{array} \right) ÷ \begin{array}{c} \text{所有人} \\ \text{對紅豆的標準差} \end{array} × \begin{array}{c} \text{紅豆的因子2} \\ \text{的因素分數係數} \end{array}$

$= (7 - 5.750) ÷ 2.395 × (-0.021) = -0.011$

因素分數為這些結果的總和，所以A小姐的因素分數計算如下。

$0.019 + (0.097) + \cdots\cdots + (0.011) = 1.65060$

確實，觀察因子2的係數，薄荷為−0.70703，薄荷巧克力為−0.28604，比其他種類的數值（負的方向）還要大。這表示，若對薄荷或薄荷巧克力回答喜歡的話，因子2的因素分數（負的方向）就會變大。

就是這個意思。

但是，因素分數係數與原始資料相乘，這項計算作業非常麻煩。

 是啊。不過，這對因素分析的計算軟體來說只是小菜一碟。看看表8-6-2。

表8-6-2　計算因素分數

編號	因子1	因子2	因子3	因子4
1	−1.23449	1.65060	−0.93305	−1.64936
2	−0.91006	−0.10156	−0.66936	1.20829
3	0.32236	0.76397	0.60578	−1.12031
4	1.50145	0.84835	−0.57517	0.26384
5	0.34458	−1.68209	−0.61888	−0.44992
6	0.41702	−1.64413	−0.06561	−0.46898
7	0.65159	1.17954	−1.05121	−0.71660
8	−0.17800	−0.37212	1.70362	1.23919
9	1.30898	−0.12618	−0.29320	1.03229
10	1.00224	1.09957	−0.24233	−0.89368
⋮				
71	−0.38195	0.25943	−0.93868	−0.35630
72	0.77264	0.36438	2.25295	0.61691
73	−0.69568	−1.10363	−0.08909	1.01447
74	0.31454	−1.24505	−0.50418	1.10978
75	2.39001	0.98997	0.75306	−0.70461
76	0.90260	0.47784	0.20104	0.62989
77	−0.08835	0.24953	−0.82666	−0.29348
78	−0.00781	−1.37218	−0.51553	2.11380
79	0.32376	−1.31113	−0.30159	−0.98626
80	1.77655	0.34996	1.35382	−0.35183

 哇，好厲害！80人份的因素分數一下子就計算好了呢！

 想要針對男女進行比較的時候，只需按照因子，分別計算男性因素分數的平均分數和女性因素分數的平均分數，再進行比較即可。

 原來如此！真令人期待會出現什麼樣的結果～！

POINT

● 因素分析是分析多變量資料的方法之一。通過分析多個觀測變數，即可計算出影響觀測變數的共同因素。

● 使用統計軟體進行因素分析，可以計算出特徵值、因素負荷、因素分數。

● 共同因素的數量可以透過特徵值來決定。

● 因素負荷可以顯示出共同因素對觀測變數產生多少程度的影響。我們可以根據因素負荷探討觀測變數要分類到哪個組別。探討時要利用旋轉座標軸後的因素負荷。

● 因素分數是計算不同編號（受試者）對各因子擁有多少程度的權重。我們可以利用因素分數來研究受訪者的傾向。

什麼是因素分析的軸？

在因素分析中，首先要煩惱的是有幾個維度。若特徵值下降的形狀很漂亮，那麼就能毫不猶豫地做出決定；但大部分的特徵值都下降得很緩慢，這時也只能透過反覆試驗的方式，以找出最合適的維度（這也是因素分析的樂趣所在）。

接下來，分析的重點就要放在如何歸納計算結果。為了盡可能用簡單的方式解釋計算結果，需要對座標軸進行旋轉。旋轉座標軸後，只要各個觀測變數有特定的因素負荷較高，就稱為簡單結構，解釋起來比較容易。

本章所介紹的旋轉方法，也就是方差極大化旋轉，是假設各個座標軸之間是正交（直角相交）的。每個座標軸都是正交，意味著每個座標軸皆為無相關，所以解釋起來也比較容易。換言之，因為座標軸之間是獨立的，所以不用考慮座標軸之間的關係。

但是，如果沒有假設座標軸之間是正交的話，那麼在進行旋轉時，座標軸就可以各自獨立移動。其結果就出現了座標軸之間沒有正交的解法，這個方法就稱為斜交旋轉，其中，最常用到的是一種名叫Promax法的旋轉法。

座標軸呈正交的假設原本就沒有根據，所以採用斜交旋轉一點問題也沒有。倒不如說，斜交旋轉反而會產生更好的結果。採用斜交旋轉時，軸與軸之間的相關係數會被追加計算。這時我們要觀察這個相關係數，同時透過斜交旋轉針對軸做解釋。

確認測驗解答範例

① 解答省略。

② 散佈圖如下。

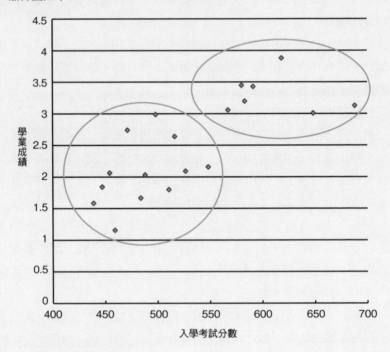

③ 以下4點都需要提及。

a) 圖表的形狀：散佈圖是往右斜上分布。

b) 提及相關：可以說是「正相關」。

c) 圖表的解釋：換句話說，入學考試分數較高的學生，入學後的成績（GPA）也較高。

d) 圖表的詳細解讀：（以下為其中一種範例。只要提到可分成兩組即可）
「入學考試的分數以約550分為界，550分以下的群組和550分以上的

群可圍較大。另外，入學考試550分以上的群組均為GPA3.0以上，成績較為穩定。」

① 相關係數：0.762（小數點第4位四捨五入）

經過計算，

- ・入學考試　平均：534.05　　標準差：69.99
- ・學業成績　平均：2.51　　　標準差：0.74
- ・偏差積　　平均　39.52

相關係數
＝偏差積的平均÷入學考試的標準差÷學業成績的標準差
＝39.52÷69.99÷0.74＝0.762

② 相關係數為0.76，因為大於0.7，確認是強正相關。換句話說，入學考試分數愈高，學業成績就愈高。

① 樣本數19的相關係數為0.762。
1%顯著水準的臨界值為0.575，因此拒絕虛無假設「母體的相關係數為零」。
換言之，接受對立假設「母體的相關係數不為零」。綜上所述，當樣本數為19時，相關係數0.762在1%顯著水準下具有顯著性（也可以設定為5%顯著水準，結論是一樣的）

② 樣本數19的相關係數為0.762。
這表示，當假設全體學生的相關係數為零時，從樣本中取得這樣的數值不常發生（100次中不到1次）。
因此，不能認為全體學生的相關係數為零。
換言之，這並非偶然，而是有意義的相關係數。

① 迴歸線為斜率和y截距如下的直線。

斜率：0.008067632

y截距：－1.797487368

（也可以適當地四捨五入，這裡顯示的是Excel的最大精度）

計算方法為

斜率＝相關係數×（學業成績的標準差÷入學考試的標準差）

y截距＝學業成績的平均－（斜率×入學考試的平均）

② 入學考試分數為400～700分時，學業成績的預測值如下。

入學考試	學業成績
400	1.43
500	2.24
600	3.04
700	3.85

（小數點第三位四捨五入）

計算方法為

學業成績的預測值＝斜率×入學考試＋y截距

① 三種組合的相關係數如下（計算方法省略）。

r高中分數和入學考試：0.690864475

r高中分數和大學成績：0.60722512

r入學考試和大學成績：0.761797673

（r○○代表相關係數，也可以適當地四捨五入，這裡顯示的是Excel的最大精度）

② 排除高中分數的影響後，偏相關係數如下。

$$\frac{r\,入學考試和大學成績-（r\,高中分數和大學成績×r\,高中分數和入學考試）}{（\sqrt{1-r\,高中分數和大學成績^2}）×（\sqrt{1-r\,高中分數和入學考試^2}）}$$

＝0.595870463

（也可以適當地四捨五入，這裡顯示的是Excel的最大精度）

③ 入學考試與大學成績的相關係數為0.762，但排除高中分數的影響後，計算出來的偏相關係數為0.596。這個結果表示，即使排除高中分數的影響，入學考試和大學成績依然存在著相關性（中度相關）。

此外，如果進行無相關檢定的話，就能得知在1%的顯著水準下存在顯著相關（當樣本數為19時，臨界值為0.575。→P.58）。

第6章－確認測驗（→p.114）

① 入學後的學業成績
＝常數m＋常數p×高中平均成績＋常數q×入學考試分數
（入學考試和高中分數也可以互換）

② 常數m＝－2.094111
常數p＝0.128121
常數q＝0.006935
（也可以適當地四捨五入）

意思分別為
常數p＝大學成績和高中分數的偏迴歸係數
常數q＝大學成績和入學考試的偏迴歸係數
常數m＝大學成績的平均－p×高中分數的平均－q×入學考試的平均
（偏迴歸係數的計算方法請見P.100）。

③ 複相關係數為0.769977（複相關係數的計算方法請見P.110）

④ 入學考試與學業成績的相關係數為0.762。
另一方面，追加高中分數資料後得到的複相關係數為0.770。比較兩者後發現，數值並沒有增加多少。
這意味著高中分數資料對於預測大學學業成績沒有多大作用，僅憑入學考試分數就能充分地預測出大學學業成績。

INDEX

【作者簡介】

向後千春

1958年出生於東京都。早稻田大學人文科學學術院教授。1989年早稻田大學文學研究科博士後期課程（心理學專業）學分取得退學，取得東京學藝大學教育學博士。專業為以心理學為基礎的教學設計（教學系統設計，Instructional Design）。

冨永敦子

1961年出生於長崎市。公立函館未來大學元學習中心教授／技術作家。2012年早稻田大學研究所人文科學研究科博士後期課程結業，取得早稻田人類科學博士學位。專業為寫作。

內文插圖	● ゆずりはさとし
內文設計	● 下野剛（志岐デザイン事務所）
內文版面	● 藤田順

TOUKEIGAKU GA WAKARU【KAIKI BUNSEKI・INSHI BUNSEKI HEN】
Copyright © 2008 Chiharu Kogo, Atsuko Tominaga
All rights reserved.
Originally published in Japan by Gi jutsu-Hyoron Co., Ltd.
Chinese (in traditional character only) translation rights arranged with
Gi jutsu-Hyoron Co., Ltd. through CREEK & RIVER Co., Ltd.

今天能賣多少球？
從冰淇淋店輕鬆學超有趣的統計學！

出　　　　版	／楓葉社文化事業有限公司
地　　　　址	／新北市板橋區信義路163巷3號10樓[
郵 政 劃 撥	／19907596　楓書坊文化出版社
網　　　　址	／www.maplebook.com.tw
電　　　　話	／02-2957-6096
傳　　　　真	／02-2957-6435
作　　　　者	／向後千春、冨永敦子
翻　　　　譯	／趙鴻龍
責 任 編 輯	／江婉瑄
內 文 排 版	／謝政龍
校　　　　對	／邱鈺萱
港 澳 經 銷	／泛華發行代理有限公司
定　　　　價	／350元
初 版 日 期	／2022年9月

國家圖書館出版品預行編目資料

今天能賣多少球?從冰淇淋店輕鬆學超有趣的
統計學! / 向後千春, 冨永敦子作；趙鴻龍譯.
-- 初版. -- 新北市：楓葉社文化事業有限公司,
2022.09　面；公分

ISBN 978-986-370-450-8（平裝）

1. 統計學　2. 通俗作品

510　　　　　　　　　　111010541